들뢰즈와 가타리의

『천 개의 고원』, 「서론: 리좀」 읽기

세창명저산책_098

들뢰즈와 가타리의 『천 개의 고원』, 「서론: 리좀」 읽기

초판 1쇄 인쇄 2023년 3월 27일
초판 1쇄 발행 2023년 4월 3일
—

지은이 조광제
펴낸이 이방원
기획위원 원당희
책임편집 송원빈   **책임디자인** 손경화
마케팅 최성수·김 준   **경영지원** 이병은
—

펴낸곳 세창미디어

신고번호 제2013-000003호 주소 03736 서울시 서대문구 경기대로 58 경기빌딩 602호

전화 723-8660 팩스 720-4579 이메일 edit@sechangpub.co.kr 홈페이지 http://www.sechangpub.co.kr

블로그 blog.naver.com/scpc1992 페이스북 fb.me/Sechangofficial 인스타그램 @sechang_official
—

ISBN 978-89-5586-760-2 02160

ⓒ 조광제, 2023

세창명저산책_098

조광제 지음

들뢰즈와 가타리의

『천 개의 고원』, 「서론: 리좀」 읽기

세창미디어
MEDIA

제대로 가시지는 않았지만 2022년에서 2023년으로 넘어가는 겨울이 막바지입니다. 새벽 나절엔 여전히 영하의 기온이긴 합니다. 하지만 차가운 바람에 미세하게 숨어든 따스한 기미가 봄이 오고 있음을 알립니다.

진정 봄은 오는 걸까요? AI 기술이 첨단화되면서 특이점을 넘어 인간을 시궁창으로 몰아넣을 수도 있다는 불길함이 지구의 표면을 뒤덮습니다. 이에 덧대어, 미·중 강대국 중심으로 '미래 자본주의'를 둘러싼 주도권 투쟁이 더없이 가열됩니다. 이에 대대적인 세계 전쟁을 예고라도 하듯 하니 인류 전체가 불안합니다. 덩달아 우리 한반도는 도무지 미덥잖은 남북 통치자들이 핵을 불쏘시개로 내세운 탓에 위기 국면으로 치닫습니다.

'춘래불사춘春來不似春'이라 했던가요. 계절의 봄은 오건만, 되돌리기 힘든 인위의 불찰로 삶의 봄날은 아예 도래하지 않을 형국입니다. 그렇더라도 범부로서는 마당을 쓸고 문을 열어 봄을 맞이할 채비를 서두를 수밖에 다른 도리가 없습니다. 습관대로 책을 읽고 어쭙잖게나마 강의하고 글을 씁니다. 2022년 봄학기, 〈철학아카데미〉에서 들뢰즈와 가타리가 쓴 『천 개의 고원』 중 「서론: 리좀」의 내용을 살펴 읽는 강의를 했습니다. 강의는 다섯 번에 걸쳐 진행했습니다. 그리고 세창미디어의 권유로 그 강의자료를 묶어 여기 작은 책으로 내게 되었습니다.

잘 알다시피, 들뢰즈는 20세기 후반 최고의 철학자로서 세계의 지성계를 장악하다시피 했습니다. 그가 사망한 지 30년이 다 되었지만, 아직 그 울림은 가시지 않고 있습니다. 뛰어난 사상은 시대의 정신을 새롭게 가다듬어 제시합니다. 거기에 시대의 상황을 진단하고 선도하는 혁신적인 내용을 담아내기 마련입니다. 하지만 "새 술은 새 부대에"라는 성서의 말이 일러 주듯, 새로운 사상의 내용을 제시하려면 그에 걸맞은 새로운 사상의 형식, 달리 말해 새로운 사유의 길을 마련해 제시하지 않을 수 없습니다. 철학사에 남아 별처럼 빛나는 인물들은 모두 새로운 사유의 길, 즉 사상의 형식을 열었습니다.

들뢰즈와 가타리가 제시하는 새로운 사유의 길을 몇 마디로 추슬러 제시하기는 물론 힘듭니다. 하지만 그중 한 가지, '리좀적 사유'를 뺄 수는 없습니다. 고백하자면, 필자는 『천 개의 고원』에 천착하기는커녕 제대로 읽지도 못했습니다. 어디 한번 제대로 읽어 보기라도 하자는 심정으로, 그 첫 글이자 책 내용 전체를 압축해 놓았다고 여겨지는 「서론: 리좀」을 들여다본 셈입니다. 그런 끝에 추상적이나마 '리좀적 사유'를 손쉽게 추려 냈습니다.

리좀은 땅속줄기 식물을 일컫는 생물학의 분류 개념입니다. 들뢰즈와 가타리는 리좀 식물의 구조적 특이성과 그 생명 활동의 독특한 수행 방식을 철학 사유의 판면으로 옮겨 와 독창적으로 번역했습니다. 그리하여 '리좀rhizome'이라는 전대미문의 철학적 개념을 창조해 냈습니다.

"뇌 자체는 한 포기 풀이다"라는 그들의 말에서 추정할 수 있듯이, 그 번역의 매개로 활용한 것은 복합 피드백/피드포워드 방식으로 접속·연결해서 이루어지는 두뇌 뉴런들의 신경회로 연결망입니다. 이 신경회로의 연결망은 뉴런들을 통해 정보를 수용·전달하는 거시적인 구조로서, 일컫자면 들뢰즈와 가타리가 제시하는 고원들plateau입니다. 그런가 하면, 하나의 뉴런이 5,000~20,000개의 시냅스를 갖추고서 동시에 다른 뉴런들과 무한 다양하게 정보를 주고받는 장치는 미시적인 구조로서, 일컫자면 그들이 제시하는 분할·분절·탈주의 선들로 이루어진 다양태multiplicité인 하나의 (기계적인) 배치 장치un agencement[mécanique]입니다.

어차피 인간의 모든 사유는 두뇌에서 이루어집니다. 그러니 사유 활동에 걸려드는 뭇 다양한 영역의 사태들은, 두뇌에서 뉴런의 신경회로들이 탈주의 선들을 따라 서로에게 넘나들면서 분절과 연동을 수행하기에 뚜렷한 중심이나 확연한 경계를 지닐 수 없습니다. 철학이건, 문학이건, 생물학이건, 지질학이건, 정치경제학이건, 물리학이건, 언어기호학이건, 정신분석학이건, 윤리학이건 그 모든 사유 영역은 말 그대로 리좀의 형태로 서로에게 끌려들어 겹치면서 동시에 퍼져 나가 확산하는 일을 거듭합니다. 말하자면, 융복합으로 살아 꿈틀거리는 리좀입니다. 크고 작은 고원들이 오르락내리락 나뉘면서도 끊이지 않고 곳곳으로 이어지면서 거대한 리좀을 형성하는 것과 같습니다. 이 모든 사유 영역이 결국은 책을 통해 언표의 형태로 드러나기 때문일까, 들뢰즈와 가타리는 「서론: 리좀」을 통해, 책이 어떻게 어떤 방식으로 리좀이 되는가를 드러내고, 그 반대로 리좀이 어떻게 책을 통해 드러나는가를 종횡무진으로 기술하고 설명합니다. 그들이 보기에 리좀은 존재 일반의 근원적인 존재 방식입니다. 그래서 리좀으로서의 책은 환유적으로 존재를 알립니다.

1980년 당시, 들뢰즈와 가타리가 쓴 『천 개의 고원』이 그에 해당할 것인데, 그들이 이 책을 써서 출간한 1980년쯤에는 아직 'World Wide Web'으로 대표되는 인터넷이 등장하지 않았습니다. 또 요즘 1년에 30,000여 개에 이르는 주요 관련 논문이 쏟아져 나오는 뇌신경학 내지는 신경심리학이 활발히 연구되던 때도 아니었습니다.

그런데도 그들이 진정한 책인 양 제시한 '리좀-책le libre rhizo-morphique'은 21세기 오늘날 시공간적으로 무진장한 수렴과 확산을 거듭하는 인터넷과 빅 데이터를 거쳐 마침내 ChatGPT AI로 구현되고 있습니다. 그래서 우리는 한편으로, 그들이 제시한 리좀 개념을 이러한 컴퓨터-디지털 기계 장치들로 재번역해, 하다못해 직관적으로나마 이해할 수 있을 것입니다.

ChatGPT가 2억 개 이상의 낱말들의 쓰임새를 학습하고 40조 개 이상의 문서들을 검토하고 학습했다는 사실, 그러면서 초당 320조 번 이상의 계산을 수행해 결과를 산출해 낸다는 사실, 게다가 여기 접속한 뭇 사용자들과의 대화 내용을 통해 점점 더 폭과 깊이를 더하면서 발달한다는 사실 등은, 들뢰즈와 가타리가 기계적인 배치 장치들의 무한한 열린 구조인 리좀을 철학적인 핵심 개념으로 제시한 것이 얼마나 뛰어난 통찰이었는가를 실감케 합니다.

그래서 우리가 사는 21세기 불길한 인류의 운명을 가늠하기 위해서라도 들뢰즈와 가타리의 『천 개의 고원』을 읽을 필요가 있고, 그 예비적인 단계로 「서론: 리좀」을 숙독할 필요가 있는 셈입니다. 아무쪼록 이 조그만 책이 독자들에게 그러한 임무 수행에 조금이라도 도움이 되기를 바랄 뿐입니다.

끝으로 이 책의 출간을 권유해 주신 세창미디어의 이방원 사장님을 비롯한 임직원 여러분, 특히 편집과 교정을 맡아 수고를 아끼지 않은 송원빈 선생님께 감사의 말씀을 드립니다. 그리고 무엇보다 〈철학아카데미〉의 수강에 참여해 주신 여러분에게 감사하다는 말씀을 올립니다. 아울러 이 기회를 틈타 필자의 일상을 챙기면서 밥, 커피, 약 등으로 생명과 원기를 독려해 준 아내 이미숙 화백에게 사랑을 전합니다.

2023년 2월이 끝나 가는 어느 날

일산 하늘마을에서

| 차례 |

1장
책과 저자

1. 들뢰즈와 가타리

반갑습니다. 이번 강의에서는 세계적으로 유명한 들뢰즈Gille Deleuze(1925~1995)의 리좀 사상을 살피고자 합니다. '리좀rhizome' 은 '땅속줄기'를 뜻하는 서양말입니다. 식물을 분류하는 데 쓰는 이 개념을 들뢰즈가 그의 사상에서 아주 중요한 기초 개념으로 삼아 활용했습니다. 이 리좀 사상은 『천 개의 고원, 자본주의와 분열증 2』[1]를 통해 본격적으로 전개됩니다. 들뢰즈는

---

[1] *Mille Plateaux : capitalisme et schizophrénie 2*, Éditions de Minuit, 1980; 국역본.

이 책을 혼자 쓰지 않고 사상 전개에서 그의 동지이자 절친인 가타리Pierre-Félix Guattari(1930~1992)와 함께 한 몸이 되어 썼습니다. 책 전체의 목차에서 어느 대목은 내가 쓸 테니, 다른 대목은 네가 쓰라는 식으로 하지 않고 책 전체를 아예 둘이 같이 의논하면서 썼습니다.

이렇게 저 두 사람이 한 몸이 되다시피 해서 쓴 책은 이 책 말고도 『안티-오이디푸스: 자본주의와 분열증 1』[2]과 『카프카, 소수적인 문학을 위하여』[3] 그리고 『철학이란 무엇인가』[4]가 있습니다.

들뢰즈는 그야말로 전방위적인 철학자였습니다. 철학은 물론이고 문학, 영화, 회화 등 인문예술 분야에 독보적인 관점과 해석을 광범위하면서도 심오하게 풀이하여 펼쳤습니다. 문학

김재인 옮김, 민음사, 1996.

2   *L'Anti-Œdipe : capitalisme et schizophrénie 1*, Éditions de Minuit, 1972; 국역본. 김재인 옮김, 민음사, 1997.

3   *Kafka: Pour une Littérature Mineure*, Éditions de Minuit, 1975; 국역본. 이진경 옮김, 동문선, 2001.

4   *Qu'est-ce que la philosophie?*, Éditions de Minuit, 1991; 국역본. 이정임·윤정임 옮김, 현대미학사, 1995.

에 관해서는 카프카에 관한 책을 비롯해『프루스트와 기호들』[5]
이 있고, 영화에 관해서는 두툼한 두 권의 책을 썼는데『영화 1 :
운동 이미지』[6]와『영화 2 : 시간 이미지』[7]가 있으며, 회화에 관해
서는『감각의 논리』[8]가 있습니다. 그 바탕에는 유물론적인 기계
론, 초월적 경험론, 반反자본주의, 반反정신분석, 유목적 실천론
nomadism, 리좀 존재론 등이 깔려 있습니다. 그가 쓴 책 중에서
기초가 되는 책은『차이와 반복』[9]과『의미의 논리』[10]라고 하겠
습니다.

들뢰즈는 전통적인 철학, 특히 근대로부터 이어져 온 스피노
자, 라이프니츠, 칸트, 마르크스, 니체, 베르그송, 푸코 등 걸출

5 *Proust et les signes*, Presses Universitaires de France, 1964; 국역본. 서동욱 옮김, 민음사, 1995.

6 *Cinéma I: L'image-mouvement*, Éditions de Minuit, 1983; 국역본. 주은우·정원 옮김, 새길아카데미, 1996.

7 *Cinéma II: L'image-temps*, Éditions de Minuit, 1985.

8 *Logique de la sensation*, Éditions du Seuil, 1981; 국역본. 하태환 옮김, 민음사, 1995.

9 *Différence et répétition*, Presses Universitaires de France, 1968; 국역본. 김상환 옮김, 민음사, 2004.

10 *Logique du sens*, Éditions de Minuit, 1969; 국역본. 이정우 옮김, 한길사, 1999.

한 철학자들의 철학사상에 관해 깊이 있는 독특한 해석을 드러
내 보입니다.

들뢰즈는 20여 권의 책을 썼는데, 대부분 출간하자마자 큰
반향을 불러일으켰습니다. 들뢰즈의 저작 중 어느 하나 읽기
쉬운 책은 없다고 해도 과언이 아닙니다. 그런데도 전 세계적
으로 강력한 영향을 미쳤는데, 이는 1980년대부터 포스트모
더니즘이 문학과 예술 및 이와 관련한 정치·사회사상의 영역
을 풍미하면서 푸코Michel Foucault(1926~1984), 데리다Jacques Derrida
(1930~2004) 등과 더불어 들뢰즈의 철학사상이 그 철학적인 기
초로서 힘을 발휘했기 때문입니다. 우리나라에서는 2000년에
〈철학아카데미〉가 설립되면서 특히 푸코와 들뢰즈에 관한 강
의가 본격화되었고, 이를 계기로 들뢰즈의 철학이 대중에게 퍼
져 나가 큰 힘을 발휘했습니다. 그리하여 출판계에서는 들뢰즈
관련 책은 어떤 것이건 수입을 올린다고 인식되기도 했습니다.
요즘은 포스트모더니즘 대신에 휴머니즘에 관한 담론이 강화
되면서 다소 주춤한 상태입니다.

참고로 덧붙이자면, 가타리는 특히 사회·정치적인 혁명 이
론가로 유명한데요, 그가 쓴 관련 저서로 우리나라에는 『분자

[그림 1] 들뢰즈(왼쪽)와 가타리(오른쪽).

혁명』[11]과 『카오스모제』[12], 『세 가지 생태학』[13] 등이 있습니다.

2. 「서론: 리좀Introduction: Rhizome」

이번 읽기를 통해 『천 개의 고원』 첫 장인 「서론: 리좀」에 담

---

[11] *La revolution moleculaire*, Recherches, Fontenay sous Bois, 1977; 국역본. 윤수종 옮김, 푸른숲, 1998.

[12] *Chaosmose*, Éditions Galilée, 1992; 국역본. 윤수종 옮김, 동문선, 2003.

[13] *Les trois écologies*, Éditions Galilée, 1989; 국역본. 윤수종 옮김, 동문선, 2003.

긴 내용을 살피고자 합니다. 이 글은『천 개의 고원』에 실린 내용을 압축해 놓았다고 할 수 있습니다.

그런데 이 글은 그 내용이 아주 난삽하다고 할 정도로 워낙 복잡해서 제 깜냥으로 그 부분 부분이 숨기고 있는 모든 뜻을 속속들이 파헤쳐 드러내 보일 재간이 없고, 설사 그럴 수 있다고 할지라도, 강의와 수강의 온전한 소통이 불가능한 대목이 너무 많을 것입니다. 그래서 아는 만큼만, 보이는 만큼만, 그리고 가능하면 수강에 크게 부담이 없을 만큼만 살펴보고자 합니다.

하지만 원저자들이 숨겨 놓은 비밀들을 너무 많이 모른 채 지나친다면, 강의자로서 수강자들에게 너무 무책임한 셈이고, 그럴 수는 없는 노릇이기에 최대한 힘을 써야 할 것 같습니다. 그런 만큼 수강자인 여러분들도 정신 에너지를 많이 소비할 각오를 해야지 싶은데, 가능한 한 쉽게 풀이해서 여러분의 현기증을 방지해 볼까 합니다.

3. 책쓰기 또는 글쓰기

한 권의 책을 쓰려고 마음먹었을 때, 저자의 심사는 여러모로 복잡하기 마련입니다. 뭔가 해명하지 않으면 견딜 수 없는 문제에 사로잡혔기에 책을 쓸 것입니다. 그런데 그 문제와 관련해서 같이 해명하지 않으면 안 되는 온갖 다른 문제들을 함께 떠올릴 수밖에 없습니다. 그리고 그 다른 문제들 역시 그것들과 관련되는 숱한 다른 문제들을 끌고서 머릿속에서 여러모로 아른거리게 됩니다.

때로는 문제를 확실히 장악한 것 같아 환희를 느끼기도 하고, 때로는 그 반대로 문제에 끌려다니면서 이리저리 곤욕을 치르기도 합니다. 모른 척 확 잘라 내자니 양심이 꺼림칙하고, 거머쥐고서 그 세세한 지점들을 밝혀내고자 하니 역량이 달리기도 하고, 설사 역량이 가닿는다고 해도 책의 구성상 일일이 짚어 낼 수 없는 때가 한두 번이 아닙니다. 그래서 문제들과 죽어라 싸워야 하고, 타협해야 하고, 도망가야 하고, 허허벌판을 헤매다가 되돌아오기도 해야 합니다. 한 권의 책을 쓴다는 것은 언제나 투쟁이면서 놀이고, 고통이면서 기쁨이고, 보람이면서 헛된 일이고, 귀찮기 이를 데 없는 의무 수행이기도 합니다.

누군지 알지도 못하는 가상의 독자는 물론이고, 글을 쓰기 위해 끌어들여 참조하지 않으면 안 되는 다른 저자들에 대해서도 그렇지만, 무엇보다 책을 쓰는 자기 자신과 온갖 다양한 방식으로 만나 용감하게 싸우거나 비겁하게 타협하고 굴복하는 등의 우여곡절을 겪다가 부분적인 승리를 거두기도 합니다. 또 독자와 자신을 속이기도 하고 또 속기도 해야 합니다. 한 권의 책을 쓴다는 것은 전쟁입니다. 전체적으로는 학문적인 전쟁이겠으나 그 속에 들어가 보면, 정치·경제적인, 법적인, 도덕적인 전쟁입니다. 양심과 법을 무시하다 못해 짓밟을 수밖에 없는 때도 있습니다.

낱말 하나, 구절 하나, 문장 하나하나와 싸우는 것은 기본입니다. 때로는 그래프, 지도, 그림, 사진 등과도 싸워야 합니다. 풀이할 주제와 풀이한 내용 사이에서 벌어지는 대결을 조정해야 합니다. 한참 지나간 저 앞의 글과 일치하면서도 분리된 새로운 내용을 머리에서 끌어내어 지금 당장 끌고 가는 글을 메워야 합니다. 반복하되 차이를 지닌 내용을 다각적으로 떠올리고, 끌어오고, 다듬어 조율해야 합니다. 그렇다고 무슨 정확한 방향이 정해진 것도 아닙니다. 여기저기로 오락가락하면서 멀리 도망가는 내용을 억지로 끌어당겨 대략 배치해 놓을 수밖에 없기도 합니다. 따라가다 보면 막다른 골목을 맞닥뜨리기도 하고 허방에 빠지기도 합니다. 예증이니 비유니 은유니 하는 전술들을 구사하다 보면 독자를 아예 무시해 버리고 혼자 풀무질을 해 대며 킥킥거리기도 합니다.

책을 쓸 때 정말 결정적인 순간은 첫 문장, 첫 대목을 어떻게 시작할까 하면서 텅 빈 허연 공간을 쳐다볼 때일 것입니다. 그래서인지 모르지만, 아니 그래서일 거라 거의 확신하는데, 들뢰즈와 가타리는 글의 첫 대목에 다음의 '그림'을 제시해 놓았습니다.

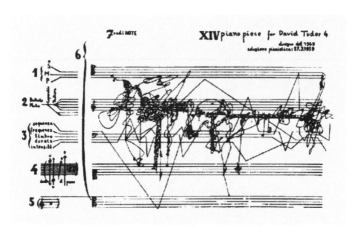

[그림 2] 부소티의 악보 그림 1: Piano piece for David Tudor 4

그림이라고 했지만 실은 악보입니다. 그런데 들뢰즈와 가타리는 이 '악보 그림'에 관해 아무 설명문도 붙이지 않습니다. 불친절하기 짝이 없습니다. "독자인 당신이 알아서 느끼고 새기시오"라는 것인지, "이 글, 또는 이 책은 이 악보처럼 괴이하게 된 것이니, 혼란을 각오하고 읽으시오"라는 것인지, 아니면 "리좀이란 바로 이런 것이요, 아니 이 악보 그림이 하나의 리좀이요"라는 것인지 알 수가 없습니다. 독자인 우리로서는 '이 뭐야?' 하는 심경에 빠지게 되고 속에서부터 욕지기가 올라옵니다. 하지만 세계적인 철학자들이 한 짓이니 더럽지만 그들의 갑질을 견뎌 내야 합니다.

그러면서 글에서 언젠가는 이 악보 그림에 관해 설명하겠지, 하는 생각을 하기도 하는데, 웬걸 이 글이 끝날 때까지 결국 설명하지 않습니다. 그래서 내 나름으로 인터넷을 뒤져 이 악보 그림에 관해 알아보기로 합니다.

이 기묘하기 이를 데 없는 악보는 우리에게는 아주 생경하게 다가옵니다. 〈XIV piano piece for David Tudor 4〉라는 제목의 악보입니다. 이 악보를 '지어내어 그린' 인물은 부소티Sylvano Bussotti(1931~2021)입니다. 그는 〈4분 33초〉라는 곡으로 유명한

극단적인 현대 음악가인 존 케이지John
Cage(1912~1992)의 제자라 합니다. 어떻든,
보다시피 이 악보는 마치 오선지 위에 무
슨 가느다란 실들이 어지럽게 요동을 치
면서 복잡하게 걸려 있는 모습입니다. 아
니, 도대체 연주자는 이 악보를 어떻게 연
주할까요? 지휘자는 어떻게 지휘할까요?
궁금합니다. 인터넷에 들어가 악보의 제
목을 검색하면 유튜브를 통해 연주하는
것을 보고 들을 수 있습니다. 존 케이지의
〈4분 33초〉 역시 들을 수 있습니다.

[그림 3-1] Piano piece
for David Tudor 4

[그림 3-2] 4′ 33″

　다른 면에 부소티의 다른 악보가 보입니다. 수직·수평의 구
조물과 층들이 화려하고도 복잡하게 바탕인 양 깔려 있고, 그
위로 다양한 형태의 선들이 한 곳으로 연결되기도 하고 또 분
리되기도 하면서, 빠르게 도망가듯 질주하기도 하고 느리게 되
돌아가기도 합니다. 또 다른 '악보 그림'입니다.

　부소티의 악보 그림들을 보면서 인간의 상상력이 얼마나 어
느 정도로 환상에 미처 엉뚱한 곳으로 내달을 수 있는지 가늠

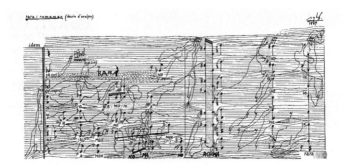

[그림 4] 부소티의 악보 그림 2: RARA REQUIEM

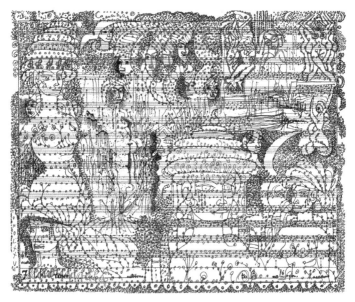

[그림 6] 부소티의 악보 그림 3: Autotono(S. Bussotti & T. Zancanaro)

케 됩니다. [그림 6]의 악보 그림에는 곳곳에 여인들이 한껏 숨겨져 있습니다. 심심해서 대략 세 보니 스무 명쯤 됩니다. 보는 것만으로도 자못 흥미롭습니다. 이 악보의 연주를 들으면 과연 어떨까요? 어쨌든 음악과 그림 또는 지도地圖의 경계를 자유자재로 넘나든다는 것을 알 수 있습니다. '지도'는 왜 느닷없이 덧붙였느냐고요? 들뢰즈와 가타리가 리좀식이랄까 아니면 유목적이랄까, 어쨌든 사람답게 사는 데 '지도 만들기'가 필수적인 것처럼 소개한

[그림 5]
RARA REQUIEM

[그림 7] Autotono
(21분 30초부터)

대목이 생각나서이기도 하고, 악보가 지휘자나 연주자가 음악의 길을 찾아 밟아가는 데 지도 역할을 하기 때문입니다.

암튼, 들뢰즈와 가타리가 글의 맨 앞에 이렇게 뜬금없이 기이한 악보를 무책임하게 내세운 것을 보면서, 글쓰기 또는 책쓰기라는 것이 무슨 정해진 규칙이 있다고 말할 수가 없겠구나, 하는 생각을 하게 됩니다.

4. 책과 저자

그래서 '에잇 모르겠다!' 하면서 들뢰즈/가타리가 쓴 『천 개의 고원』을 이런 식의 악보로 그릴 수도 있지 않겠는가 하는 생각을 해 봅니다. 만약 그럴 수 있다면 그 악보 그림은 과연 얼마나 복잡하고 화려할까, 하는 상상을 하게 됩니다. 그런데 이들은 『천 개의 고원』을 어떤 식으로 썼는가에 관해 이렇게 말합니다.

[인용문 1]   우리는 둘이서 『안티-오이디푸스』을 썼다. 우리 각자는 다수였기 때문에, 그 책은 이미 많은 사람을 언급했다. 여기에서 우리는 접근할 수 있는 모든 것들을 활용했다. 아주 가까운 것이건 아주 먼 것이건 모조리 활용했다. 우리는 기가 막힌 가명들을 배치해 놓았다. 왜? 알지 못하게 하려고. 그런데 우리가 들뢰즈니 가타리니 하는 우리 이름은 왜 남겨 놓았을까? 관행상, 그저 관행상 그랬을 뿐이다. 하지만 그저 그렇기 때문만은 아니다. 우리를 알지 못하게 하려고 그랬다. 그뿐일까? 아니다. 우리를 행동하게 하고, 체험하게 하고, 또는 사유하게 한 것이 무엇인지 파

악하지 못하게 하려고 그랬다. 왜? 모든 사람이 말하듯이 말하는 것이 유쾌하기 때문이다. 예를 들어, 해가 뜬다고 말하는 것이 하나의 말하는 방식에 불과하다는 것을 모든 사람이 알 때, 그렇게 해가 뜬다고 말하는 것이 유쾌하기 때문이다. 더는 '나'라고 말하지 않는 지점에 도달하려는 것이 아니다. '나'라고 말하건 하지 않건 더는 아무 상관이 없는 지점에 도달하고자 한다. 우리는 더는 우리 자신이 아니다. 각자는 자신의 것을 맛보게 될 것이다. 우리는 도움을 받았고, 빨려들었고, 다양한 모습이 되었다. (9/11)[14]

마치 "박제가 되어 버린 천재를 아시오?" 하고서 독자들을 가지고 놀 듯이 글을 썼던 이상 김해경(1910~1937)의 시를 읽는 것 같습니다. 적당히 비아냥거리면서, 그런데도 그럼으로써 뭔가

---

[14] 두 사람에게 갑질을 당하고만 있을 수 없어 원문을 곧이곧대로 번역하지 않고 우리의 소통을 편안하게 할 수 있는 방향으로 번역하려 합니다. 물론 그렇다고 함부로 그런 것은 아닙니다. 암튼 그러니, 이 거대하고 복잡한 프랑스 책을 애써 번역해 주어 너무나 고맙지만, 죄송하게도 이 책의 국역자인 김재인 선생의 번역을 일단 무시할 수밖에 없습니다. 여러분의 학문적인 노력을 기대하면서, 빗금 앞의 숫자는 원문의 쪽수이고, 뒤의 숫자는 번역본의 쪽수임을 알립니다. 앞으로도 마찬가집니다.

충격을 주고자 하는 어법을 구사하고 있습니다.

요지는 무엇인가요? 우선 그들이 쓴 『천 개의 고원』은 비록 그들 두 사람이 썼다는 것을 책 표지에 명기해 놓긴 했으나, 그들 자신이 썼다고 말할 수 없다는 것입니다. 또한, 어떤 책이건 그렇게 쓸 수밖에 없는 노릇이라는 것입니다. 이를 다시 일인칭으로 표현하자면, 그들이 이 책을 써서 발간했으나 도무지 **내가 썼다고 할 수 없다**는 것입니다. 여기에서 우리 마음대로 한 발짝 더 나아가 생각하면, 심지어 무슨 짓이건 그 누구도 아닌 바로 내je가 그 짓을 했다고 말할 수도 없거니와 그렇게 말해 본들 그것이 무슨 의미가 있느냐는 것입니다. 내친김에 자아 이론의 판면으로 옮겨 가 말하자면, **나라는 존재는 나 하나―者, Un가 아니라 그 속에 모든 사람이 우글거리는 다자多者, le Multiple라는 것**입니다.

나는 어떤 책을 발간했을 때, 책 겉표지에 '조광제 지음'이라는 글귀가 붙어 있는 것을 보고서, 내놓고 말은 하지 않지만 속으로 '조광제 너, 이 책 쓴다고 고생했어. 그래, 대단해. 이 책을 보는 사람들이 조광제인 나를 제법 그럴듯한 인물로 생각해 주겠지'라는 생각을 예사로 합니다. 또 그 맛에 글을 쓰고 책을 써서 펴내기도 합니다. 물론, 오로지 그 맛만은 아니지요. '철학을 업으로 삼아 산답시고, 팔리든 팔리지 않든 진리를 추구하는 맛이 있어야 하지 않겠어?' 하는 생각도 합니다. 하지만 아닌 게 아니라, 누군가 저자로서 책을 써서 펴낸다는 것이 도대체 무슨 의미가 있는가에 관해 답변하기는 매우 어렵습니다.

그런데 이들은 『천 개의 고원』이라는 어마어마한 책을 써서 세상에 퍼뜨려 놓고서는 **그 책을 쓴 자가 "'나'라고 말하건 하지 않건 더는 아무 상관이 없는 지점에 도달하고자 한다"**라고 말합니다.

이는 이들이 '저자著者, author'를 문제 삼은 뒤 풀이한 것이라 할 수 있습니다. 이들의 주장에 따르면, 흔히 저작권이니 지적 재산권이니 해서, 따지고 보면 인류 전체의 성과물일 수밖에 없는 것을 배타적인 자본으로 삼는 자본주의적인 제도는 뭔가 잘못되어도 한참 잘못된 셈입니다. 물론, 「서론: 리좀」에서 '책쓰기의 다자성'에 입각해 이같이 자본주의의 배타적 소유권과 처분권을 비난한 것은 아닙니다.

이렇게 저자와 자본주의를 엮어 생각하게 되는 것은 이들이 『천 개의 고원』뿐만 아니라 그 전편인 『안티-오이디푸스』의 부제로 내세운 '자본주의와 분열증'이 떠올랐기 때문입니다. 하지만, "각자는 각자 자신의 것을 맛보게 되리라"고 말합니다. 여기에서 각자는 당연히 바로 독자입니다. 그러니까, 독자 각자는 『천 개의 고원』에서 **독자 자신에게 들어와 있는 다자多者**에 힘입어 각기 나름의 의미를 맛보게 되리라고 말하는 것이겠습니다.

5. 책은 하나의 배치 장치다

암튼, 이들은 저자의 문제를 이렇게 멋지게 거론한 뒤, 이어서 책이 무엇인가를 이야기합니다. 이건 앞의 【인용문 1】보다 훨씬 난해한 내용을 담고 있습니다. 단단히 각오하고 들어 봐야 하겠습니다.

[인용문 2] 한 권의 책은 대상을 갖는 것도 아니고 주체를 갖는 것도 아니다. 한 권의 책은 갖가지 형식으로 변환된 자료들로 되어 있다. 그 자료들과 이를 활용한 책의 대목들은 그 날짜들이 다르고, 그것들이 책에서 진행되는 속도도 아주 다르다. 책 전체를 한 사람의 주체에 할당하자마자, 자료들이 발휘하는 힘을 무시하고

자료들의 여러 관계가 지닌 외부성을 무시하게 된다. 흔히 지질학적인 운동들에 대해 하나의 선한 신神을 꾸며 갖다 붙이는 버릇이 있다. 모든 사물이 그렇지만, 하나의 책에도 요모조모 나누고 연결하는 **분절의 선들**lignes d'articulation이 있고 대목들을 **분할하는 선들**lignes de segmentarité이 있다. 그리고 **지층들**strates이 있고 **영토들**territorialités이 있다. 그뿐만 아니라 어디론가 도망을 유도하는 **탈주의 선들**lignes de fuite이 있고, **탈脫영토화**déterritorialisation와 **탈脫지층화**déstratification의 운동들이 있다. 이 선들에 따른 **흐름**이 있고 그 **흐름은 각기 속도를** 달리한다. 그 속도가 어떠하냐에 따라 책에서 상대적으로 지체되기도 하고 끈적끈적 엉겨 붙는 현상이 생겨나기도 하고, 그 반대로 가속되기도 하고, 아예 끊어져 버리는 현상이 생겨나기도 한다. 선들과 측정할 수 있는 속도들을 포함한 이 모든 것은 하나의 **배치 장치**agencement를 형성한다. 하나의 책은 어디에 귀속할 수 없는 그러한 하나의 배치 장치다. 그것은 **다양태**multiplicité다. (10/11~12)[15]

---

[15] '배치 장치'는 원저자들이 강조한 것이고, 나머지 굵은 글자를 써서 강조한 것은 인용자의 짓임.

요컨대 **책은 하나의 배치 장치**라는 것입니다. 말하자면, 하나의 책은 그 속에, 무슨 말인지 뜻을 헤아리기 쉽지는 않지만, ① **분절의 선들**, ② **분할의 선들**, ③ **탈주의 선들**, ④ **지층들**, ⑤ **영토들**, ⑥ **탈영토화**, ⑦ **탈지층화**, ⑧ **흐름**, ⑨ **흐름의 속도들** 등이 여러모로 복잡하게 배치된 하나의 장치라는 것입니다.

딱 봐도 알 수 있듯이, 여기에 들뢰즈/가타리의 철학의 주요 개념들이 나타납니다. 그런데 흔히 그동안 철학 공부를 하느라고 애써 익혔던 종류의 철학 개념들이 아닙니다. 하나의 배치 장치를 이루는 저 내용들이 하나의 책 속에 들어 있다고 말합니다. 무슨 말일까요? 이 대목에서 그들이 글 맨 앞에 부소티의 기이한 악보 그림을 내세운 까닭을 우리 나름으로 짚어 생각하고 활용할 수 있을 것 같습니다.

꼭 부소티의 악보뿐만 아니라 모든 악보는 오선五線 위에 표시됩니다. 오선은 네 개 내지는 여섯 개 **층**으로 되어 있습니다. 이 오선이 단순한 노래처럼 하나로 된 곡도 있지만, 교향악에서처럼 여러 개의 오선으로 된 곡도 있습니다. 다음의 교향곡 악보는 엄청나게 많은 층으로 되어 있습니다.

그리고 하나의 음표는 온음표, 이분음표, 사분음표, 팔분음

[그림 8] 베토벤 〈합창 교향곡〉 악보 일부

표, 십육분음표 등, 그리고 점온음표, 점이분음표 등 음의 시간적인 **길이**를 나타냅니다. 여러 침묵의 길이를 나타내는 쉼표도 있습니다. 음표의 머리가 오선의 층 어디에 걸쳐 있는가에 따라 그 **높이**가 달라집니다. 즉 음의 진동수가 달라집니다. 그리고 마디를 분할해 나타내는 세로줄, 즉 **분할의 선**이 있습니다. 분할의 선늘이 연결되면서 나누어지고 결합하는 이른바 **분절**

상태를 이룹니다. 마디들이 모여 동기, 악구, 악절 등을 이룹니다. 이 또한 **층의 구조**로 되어 있음을 알 수 있습니다. 하나의 마디는 같은 길이의 시간에 연주해야 합니다. 그래서 하나의 마디에 얼마나 많은 음표가 들어 있는가에 따라 그 연주의 **속도**가 달라집니다. 온음표가 하나의 마디에 들어 있을 수도 있고, 십육분음표 열여섯 개가 들어 있을 수도 있습니다. 그에 따라 **음흐름의 속도**가 완전히 달라집니다. 그런가 하면, 교향곡에서 잘 나타나듯이, 바이올린이 담당하고 주도하는 영역, 일컫자면 **영토**가 있고, 트럼펫이 담당하고 주도하는 영역, 즉 **영토**가 있습니다. 주로 바이올린이 담당하던 음률이 어느덧 바이올린에서 빠져나가 첼로가 담당하는 영역으로 뚫고 들어가서 다른 음질로 반복되기도 합니다. 말하자면, **탈영토화**가 일어납니다. 음악이 진행되다 보면, 오로지 팀파니의 소리만 두두둥 할 뿐 다른 악기들이 담당하는 영토와 그 지층들이 온데간데없이 모두 사라져 **탈영토화** 내지는 **탈지층화**되기도 하고 이윽고 다시 나타나 **재영토화** 내지는 **재지층화**되기도 합니다. 이것들 모두가 적절히 **배치**되어 하나의 악보가 됩니다.

악보는 하나의 **배치 장치**입니다. 여기에서 보듯이 베토벤의

〈합창 교향곡〉은 배치 상태가 상당히 질서 정연합니다. 하지만, 저 앞선 부소티의 〈XIV piano piece for David Tudor 4〉에서 보이는 배치 상태는 질서가 아예 없는 것은 아니지만, 매우 불규칙하다 못해 대혼돈을 만드는 것 같습니다. 뭔가 도망가면서 질주하는 모습이 빼곡합니다. 말하자면, 마치 큰 건물에 불이 나 사람들이 정신없이 달아나면서 혼란을 일으키는 것과 같은 **탈주의 선**들이 잔뜩 들어 있는 셈입니다.

악보에 대한 이러한 생각을 바탕으로 주변의 사물들을 봅시다. 하나의 사물이 다른 사물과 다르게 지각되고 판단되는 것은 각각의 사물이 지닌 배치 상태가 다르기 때문입니다. 그리고 사물들이 모여 나름 하나의 집합적인 배치 상태를 나타내기도 하는데, 그것이 다른 집합적인 배치 상태와 다르고 그 때문에 여러 분야가 나뉘어 지각되고 파악됩니다. 사물들뿐만 아니고 관념들도 그러합니다. 그래서 아주 크게 보면, 그 집합적인 배치 상태는 우선 자연의 영역과 사회의 영역으로 나뉩니다. 그리고 사회에서는 정치적인 영역, 경제적인 영역, 문화적인 영역 등이 나뉘고, 또 예를 들어 문화적인 영역을 이루는 집합적인 배치 장치의 하위 배치 장치들로서 예술, 종교, 학문 등

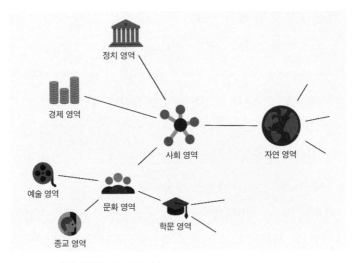

정치 영역

경제 영역

사회 영역

자연 영역

예술 영역

문화 영역

학문 영역

종교 영역

[그림 9] 우리 주변을 둘러싼 여러 지층

이 나뉘어 있습니다. 또 더 하위의 배치 장치들을 생각할 수 있음은 물론입니다. 그러고 보면, 거대한 온 우주도 하나의 배치 장치이고, 미세한 한 개의 원자도 하나의 배치 장치입니다. 그러고 보면, '하나의 배치 장치'라는 개념은 독특한 하나의 존재론을 획책하는 수단임을 알 수 있습니다.

하나의 배치 장치에는 여러 지층 ―'층위'라 표기되기도 하고, 그냥 '층'이라 표기되기도 합니다― 들이 분할되어 들어 있습니다. 그러니까 하나의 배치 장치는 여러 지층으로 분절되어 있는 셈입니다. 그 층위들을 구성하는 요소들이 있습니다. 요소들 역시 그 나름 하위의 배치 관계(상태)에 놓입니다. 요소들, 층위들, 관계들, 배치들 등이 일정하게 경계를 형성하면서 하나의 영토를 이루기도 합니다.

하지만 그 하나의 배치 장치가 무조건 안정적인 것은 아닙니다. 계속해서 완만하게 또는 급하게 변동되기도 하고 변형, 수정되기도 하면서 생성·소멸의 흐름을 이룹니다. 그 흐름을 이루는 것들이 빽빽해서 밀도가 높을 수도 있고 성기게 구성되어 밀도가 낮을 수도 있습니다. 밀도가 높으면 강도가 높아지고, 밀도가 낮으면 강도가 낮아집니다. **밀도**densité와 **강도**intensité도 들뢰즈의 철학에서 중요한 개념입니다.

그런데 들뢰즈와 가타리는 책을 하나의 배치 장치라고 합니다. 책은 당연히 글의 흐름으로 되어 있으면서 독자인 우리의 사유를 흐르게끔 합니다. 흐르되 그냥 흐르지 않고, 흐르게 하되 그냥 흐르게 하지 않습니다. 명시적으로 드러난 한 줄의 문장을 읽는데도 암암리에 다른 문장들이 숨겨진 채 함께 흐릅니다. 명시적으로 드러난 층과 잠정적으로 숨겨진 층이 아래위로건 앞뒤로건 지층의 분절을 이룹니다. 크게 제목을 통해 명시적으로 영토를 나누기도 하지만, 어느 주제가 암암리에 지배력을 발휘하면서 그 나름의 영토를 장악하기도 합니다. 그 내용에 따라, 흐름의 속도가 급하기도 하고 느리기도 합니다. 그 외에도 여러 가지 흐름이 있습니다.

암튼, 들뢰즈와 가타리는 글의 첫 대목에서부터 이렇게 복잡한 이야기를 하면서, 마치 책을 복잡하게 현존하는 사회·역사적인 배치 장치들을 대표하는 모델, 더 나아가 존재하는 일체의 것들, 즉 존재론적인 배치 장치들을 대표하는 모델로 삼으려는 태세를 취합니다.

2장

책, 다양태와 기관들 없는 몸

1. 복습, 하나의 배치 장치인 악보

전번 시간에 베토벤의 〈합창 교향곡〉 악보 한 대목을 살피면서, 거기에 마디 개념을 중심으로 여러 마디를 **분할하는 선**들과 그리하여 **분절을 이루는 선**들이 있음을 생각했습니다. 그리고 하나 또는 여러 오선의 구조상 아래위 층들이 나뉘어 이른바 **지층화**된다는 것을 생각했습니다. 그런가 하면, 각 악기가 관장하는 영토들이 있어 하나의 음악 전체가 여러 영역이 **영토화**된 상태로 어우러져 구성되는 것임을 생각했습니다. 편의상 이러한 상태들에 악보를 이루는 '정적인 요소들'이라는 이름을 붙여 봅니다. 이 말을 듣자마자, 아마도 여러분들은 '그러면, 동적인 요소들도 있겠네' 하는 생각을 벌써 했을 것입니다.

맞습니다. 우리는 들뢰즈와 가타리가 글 맨 앞에 내세운 전위 음악가인 부소티가 작곡한 〈XIV piano piece for David Tudor 4〉라는 제목의 괴이한 악보를 생각했습니다. 거기에서 그야말로 정신없이 어지럽게 그려진 무작위의 복잡한 선들이 광기를 부리면서 오선지 악보 전체를 가로지르는 모습을 보았습니다. 그 선들은 분할의 선도 아니고 오히려 분절 상태를 깨 버립니다. 이 선들에 굳이 이름을 붙이자면 **탈주선**脫走線, ligne de fuite이라 하겠습니다. 그런가 하면, 지층들도 위아래의 구분 없이 깨집니다. 그래서 **탈지층화**脫地層化, déstratification가 일어나고 있다고 말하게 됩니다. 아울러 어느 특정한 악기가 주도하는 영토도 구별해 낼 수 없습니다. 이에 **탈영토화**脫領土化, déterritorialisation가 일어나고 있다고 말하게 됩니다. 편의상, 이러한 상태들에 악보를 이루는 '운동의 요소들'이라는 이름을 붙여 봅니다. '동적인 요소들'이란 말을 예상한 분들껜 죄송합니다.

그런데 베토벤의 악보처럼 질서를 띠고 잘 정돈되어 있다고 해서 부소티의 악보를 구성하는 운동의 요소들과 같은 것이 없다고 할 수 없습니다. 음악은 근본적으로 운동적인, 순전히 운동적인 형태의 예술이니까요. 그러니까 악보에서의 운동의 요소들뿐만 아니라 정적인 요소들마저 운동의 과정을 시각적으로 표시해서 연주자들이 어떻게 근육을 움직여야 하는가를 지시하는 하나의 명령의 기호 체계라 할 수 있습니다.

이러한 명령에 따라 곡을 연주할 때, 음과 음들의 연결과 단절, 지속과 멈춤, 조화와 충돌 등을 통해, 일컫자면 갖가지 음의 **사건들**événements이 벌어집니다. 이 음의 사건들이 벌어질 때, 그 사건들이 급격하고 강렬하게 벌어지면서 **밀도**densité와 **강도**intensité를 높여 청중의 의식을 긴장으로 몰아가는 때도 있을 것이고, 그 반대로 밀도와 강도를 낮추어 이완의 상태로 몰아가는 때도 있을 것입니다. 우리에게 긴장을 일으키는 것들만 사건이 아니라, 우리를 이완 상태로 놓아두는 것도 사건입니다.[16]

---

16   이 대목에서 다소 어려운 '존재' 이야기를 할 수 있습니다. 악보에서 음표 하나가 그 자체로는 아무런 의미가 없고 좌우로 연결되는 여러 보표와 다른 음표들과의 관계를 통해서만 의미를 지닙니다. 이는 하나의 음표가 사건 속에서만 의미를 띤다는 것을 일러 주는 것에 그치지 않고, 하나의 마디가 사건이듯이, 하나의 음표마저도 하나의 작은 사건임을 일러 줍니다. 왜냐하면,

그러니까 모든 악보는 명시적으로는 정적인 요소들로 고정된 것처럼 보이지만, 그 바탕에 암시적으로 운동의 요소들이 작동합니다. 이 바탕의 운동의 요소들이야말로 음의 사건들을 일으켜 하나의 전체적인 사건들로 구성된 음악이 생성·존재하게끔 하는 힘이라 할 것입니다. 그래서 말하자면, 베토벤의 악보에도 탈주선과 탈지층화 및 탈영토화의 운동들이 암암리에 새겨져 있는 셈입니다.

이처럼 정적인 요소들과 운동의 요소들이 명시적으로건 암

하나의 사건은 그 자체로 정확하게 시작과 끝이 분명하여 하나의 단위(unit)로 마무리되는 것이 아니고, 앞뒤로 이미 준비되고 아직 이어지는 흔적들을 수반한 미완성의 상태이기 때문입니다.

우리 주변에 널려 있는 하나하나의 사물도 마찬가집니다. 하나의 음표처럼, 하나의 사물도 그 나름 하나의 사건입니다. 심하게 말하면, 하나의 분자도, 하나의 원자도, 하나의 전자도, 하나의 사건으로서 주변의 다른 것들과의 관계를 통해 생성·소멸·변형·재생하는 과정입니다. 이렇게 되면, 존재는 사건을 근본으로 해서 성립한다는 이른바 '사건 존재론(the event ontology)'이 성립합니다. 사건 존재론은 개체적인 실체를 근본으로 한 '실체의 존재론(the substance ontology)'과 대립합니다. 사건 존재론은 들뢰즈뿐만 아니라 같은 대학에서 정치적인 문제로 들뢰즈와 대립각을 세우곤 했던 바디우(Alain Badiou, 1937~)를 비롯해 현대의 여러 철학자가 다양한 방식으로 전개합니다.

시적으로건 서로 어우러져 전체적으로 배치됨으로써 하나의 악보가 구성됩니다. 그러니까 하나의 악보는 전체적으로 하나의 **배치 장치**配置裝置, un agencement라 부를 수 있습니다. 이제 알겠지만, 하나의 배치 상태에는 운동의 요소들이 포함되어 있기 마련입니다. 그러니까 '배치 상태'라는 말에서 느껴지는 공간적인 뉘앙스, 즉 정적인 상태에 현혹되어서는 안 되겠습니다. 하나의 배치 상태는 한편으로 보면 역동적인 구조로 되어 있습니다. 달리 말하면, 하나의 배치 상태에서는 이미 늘, 수없이 많은 사건이 벌어지고 있음을 염두에 둬야 하겠습니다.

예를 들어, 지금 이 글을 쓰고 있는 제 방에는 두 개의 책상과 두 개의 컴퓨터, 하나의 프린터, 그리고 세어 보니 16개의 책장과 바퀴를 단 두 개의 낮은 책장, 프린터를 올려놓은 고정된 하나의 서랍장, 그 외 컵과 안경과 휴지통 등 많은 물건, 무엇보다 수천 권의 책이 있습니다. 제 방은 하나의 큰 배치 장치이고, 각 책장 역시 하나의 배치 장치입니다. 제가 글을 쓰느라 자판을 두들기고 그에 따라 컴퓨터 화면에 글이 새겨지는 것만 사건이 아닙니다. 비록 모든 것들이 착한 듯 조용하게 있지만, 거기에서 이미 많은 사건이 잠복한 상태로 벌어지고 있습니다. 배치 장치 내지 배치 상태는 이미 늘 사건들의 배칩니다.

2. 책은 다양태다

암튼, 우리가 이렇게 악보를 예로 들어 생각했던 것은, 들뢰즈와 가타리가 하나의 책을 배치 장치로 보고서 거기에서 배치된 구성요소들을 설명하는데, 그들의 설명을 조금이라도 더 시각적으로 쉽게 이해하자는 심사에서였습니다. 오늘은 그들이 존재론의 판면에서 기본적인 개념들로 제시하는, '**하나**一者, l'Un'와 '**여럿**多者, le Multiple' 그리고 '**다양태**多樣態, la multiplicité'에 관한 이야기를 이해했으면 합니다.

지진이 나면, 땅속 저 깊이 거대한 판들의 움직임과 충돌이 일어납니다. 판들은 여러 다양한 지층地層들로 되어 있습니다. 판들이 서서히 움직이다가 퍽 하고 서로 크게 부딪히면 지층들이 부분적으로 깨지기도 하고, 겹치기도 하고, 뒤집히기도 합니다. 그 힘이 지표면에 전달되어 지진이 일어납니다. 지표면은 찢어지기도 하고 솟구쳐 오르기도 합니다. 그 깨지고 벌어진 틈을 뚫고 시뻘건 마그마가 공중 높이 불기둥으로 솟구쳐 오르면 화산이 폭발한다고 말합니다. 용암이 흘러내려 지표면을 덮고, 주변에 온통 화산재가 날립니다.

이 같은 지각 변동 등의 지질학적인 거대한 운동에 따른 일이 벌어지면, 그 이유를 모른 옛사람들은 지하의 신이 노한 것으로 생각하기가 일쑤였습니다. 그래서 나쁜 죄인들이 죽어서 뜨거운 불이 곳곳에서 일어나는 지옥으로 간다고 생각하기도 했습니다. 그들은 다양한 방식의 지질학적인 운동들에 대해 하나의 신un Dieu을 설정해 설명한 셈입니다.

그런데 들뢰즈와 가타리는 이 섬뜩한 신을 '하나의 선한 신un bon Dieu'이라 일컫습니다. 왜 그러는 걸까요? 불어에서 'Bon Dieu!'는 '제기랄!'이라는 뜻을 갖습니다. 그러니까 지진이 일어나거나 화산이 폭발할 때 하나의 신을 끌어와 설명하는 것은 '빌어먹을 하나의 신'을 꾸며 갖다 붙이는 것인데, 'Bon Dieu'를 직역하면 '선한 신'이기 때문입니다. 그런데 여기에 '하나'를 나타내기도 하는 부정관사인 'un'을 붙여 '하나의 선한 신'을 생각한 것입니다.

들뢰즈와 가타리는 죽어라 '하나un', 즉 일자를 저주하듯 비난합니다. 이들이 이 '하나'와 대립하면서 격돌하는 것으로 제시한 것이 '다양태multiplicité'입니다. 'multiplicité'를 '다양성'이라고 번역해야 할 것 같지만, 이 말의 쓰임새도 그렇고 다양성을 이루고 있는 상태를 지칭하기 때문에 '다양태'라고 번역합니다. 이 말과 비슷하게 생긴 'le multiple'도 있는데, 이는 '다수'라고 번역할 수도 있습니다. 하지만, 이 'le multiple'은 마치 한데 모여 기묘하게 군무群舞를 행하는 새 떼나 바닷속 정어리 떼 또는 나름 밀림 속에서 일사불란하게 움직이는 개미의 군집과 같은 존재 상태를 일컫습니다. 그러니까 여러 개의 요소가 한데 엉겨 군더더기가 하나도 없이 완전히 통일되어 있지 않으면서 또 그렇다고 뿔뿔이 흩어진 것들이 임시로 모여 있지도 않은 것이 'le multiple'입니다. 수학적인 추상을 살려 말하면, 이 'le multiple'은 '하나'라고 할 수도 없고 하나하나 셀 수 있는 것들이 많이 모인 '다수'라고 할 수도 없습니다. 그 윤곽이 얼기설기하지만 나름의 준-통일성을 갖추고 있습니다. 그래서 일상적으로 아주 낯선 '다자多者'라는 말로 번역합니다. '울며 겨자 먹기' 식 번역이긴 하지만, '하나'를 나타내면서 철학에서 흔히 쓰는 '일자一者, l'Un, the One'와의 대립을 알기 쉽게 나타내는 효과도 있습니다. 이 '다자'가 이룬 준-통일적인 상태를 'multiplicité', 즉

'다양태'라고 합니다.

암튼, 들뢰즈와 가타리는 한 권의 책을 하나의 다양태로 봅니다. 그러니까 한 권의 책이라고 해서 그것을 무슨 완전히 통일된 수미일관한 하나의 체계로 보아서도 안 되고 그렇게 볼 수도 없다는 것입니다. 특히 관행에 따라 자신들의 이름을 붙여 출간한 이 『천 개의 고원』을 그러한 통일된 하나의 체계로 보지 말라는 것입니다. 지난 시간에 말한 것처럼 동일한 하나의 저자가 성립할 수 없다고 한다면, 이는 당연한 이야깁니다. 하나의 통일된 체계가 성립하려면 그 꼭대기를 차지하는 정점 또는 그 체계가 선회하는 중심축인 '하나의' 원리 또는 '하나의' 근거 또는 '하나의' 중심 주제가 있어 책 전체의 내용을 결정하고 지배할 수 있어야 합니다.

그렇다면 한 권의 책을 다양태로 볼 수밖에 없는 까닭은 무엇일까요? 그 이유를 알기 쉽게 원문자를 붙여 나열하면 이렇습니다.

① 온갖 방면에서 동원된 다양한 자료들matières multiples을 활용할 수밖에 없다는 것.

② 그 자료들이 각기 나름의 위력을 발휘하여 책 속으로 외부를 끌어들임으로써 굳이 세워 제시하고자 하는 주제를 관통하면서 예사로 무너뜨린다는 것.

③ 그리하여 책은 오히려 책 바깥dehors에 존재한다고 말해야 한다는 것.

④ 그 바깥으로 탈주해 도망가는 선들이 책 속에 매설되어 있다는 것.

⑤ 그래서 책을 내용의 위계位階에 따라 부部니 장章이니 절節이니, 분절하기도 하고 분할해 나누기도 하지만, 또한 그래서 지질학에 빗대어 책의 지층들을 말할 수 있고, 지정학에 빗대어 영토들을 말할 수 있겠지만, 알고 보면 그 바탕에 매설된 탈주선들의 위력에 의해 그 경계들을 무너뜨리는 탈지층화의 운동과 탈영토화의 운동이 작동한다는 것.

⑥ 탈주선들에 따른 그 운동이 다양한 속도의 흐름으로 일어나기 때문에 어떤 대목들은 지체되면서 엉겨 붙는 통에 정확하게 분절해 이해할 수 없는 현상들을 자아낸다는 것.

⑦ 그래서 어떤 내용은 그 흐름이 점점 속도를 높이기도 하고

아예 갑자기 단절되기도 해서 그 흐름을 따라 이해하기에 숨이 벅차고 심지어 단단한 벽에 부닥쳐 황망할 수도 있다는 것.

이 **모든 일이 다채롭게 펼쳐지면서 촘촘하게 그물**réseau을 ─저 앞 부소티의 악보를 형성하는 무질서한 선들의 모습을 연상하시길─ 형성한 것이 한 권의 책이고, 한 권의 책은 그와 같은 **다양태의 그물로 된 배치 장치**라 하겠습니다.

뭔가 대단히 복잡한 것 같은데 십분 양보해서 그렇다 칩시다. 그래서 뭐 어떻다는 거냐? 마음속에서 반발심이 고개를 듭니다. 세상에 널린 것이 책이고 예사로 집어 들어 펼쳐 보는 것이 책인데, 뭐가 이렇게 책이 복잡하다는 것이냐, 더군다나 좀 쉽게 설명할 수도 있을 것 같은데, 엄청난 의미의 무게를 지닌 괴이한 낱말들을 동원해 독자들의 정신을 어지럽게 하는 거냐? 하는 반발심이 솟아납니다. 하지만 어떻습니까? 반발심에 덩달아 뭔가 심오한 이야기를 함에 틀림이 없다는 생각이 들면서 묘하게도 주눅이 들고 심지어 경외감마저 생겨납니다. "나는 그렇지 않은데?"라고 말하면 어쩔 수가 없는 노릇이고요. 암튼,

이래저래 반발심을 느끼면서도 전혀 무시할 수 없다는 심경에 빠져듭니다. 그 이유가 무엇일까요?

　우리 인류는 높은 하늘과 낮은 땅을 보며 평생을 살아왔습니다. 그러다 보니, 높고 귀한 사람과 낮고 천한 사람을 구분하게 되고, 좋은 사람과 나쁜 사람을 구분하게 되고, 귀한 일과 천한 일을 구분하게 됩니다. 이윽고 주인과 노예, 갑과 을을 나눕니다. 말하자면, 아래위 층을 나누어 값을 매기고 그에 따라 구분하지 않으면 이미 알게 모르게 불안한 것입니다. 그리고 모든 세상이 그러한 높낮이에 따라 굴러간다는 생각을 하게 되고, 특히 자본주의 세상을 살다 보니 그 높낮이를 돈으로 환산해서 그 많고 적음으로 환원하고, 그리하여 사람들의 질적인 높고 낮음을 쉽게 가늠하게 됩니다. 거기에서 가장 중요한 것은 도덕·법적인 평등이니 동등이니 하는 것과는 무관하게 인간들이 질적인 높고 낮음을 기준으로 층층이 구분되고, 따라서 각 구분에 의한 차별이 당연하다고 여기는 것입니다. 또 그리하여 암암리에 도덕은 자의적인 지배를 위한 도구에 불과하다고 무시하고, 법은 자의적인 지배를 위한 형식에 불과하다고 무시하면서도 동시에 도덕과 법을 무서워하는 것입니다.

그 높고 낮은 층들은 그저 크게 둘로만 나뉘지 않고 스펙트럼처럼 겹겹이 쌓여 이른바 **위계**hiérarchie를 형성합니다. 1층 위에 2층, 2층 위에 3층, 3층 위에 4층, … 위에 옥상, 하는 식으로. 평사원 위에 계장, 계장 위에 과장, 과장 위에 부장, 부장 위에 국장, 국장 위에 사장 또는 장관, 사장 위에 회장, 장관 위에 대통령 하는 식으로. 이병 위에 일병, 일병 위에 상병, 상병 위에 병장 … 사단장 위에 군단장, 군단장 위에 사령관, 사령관 위에 총사령관 … 위에 국가 원수 하는 식으로. 층위層位 ―지질학적으로는 지층地層― 에 따른 위계의 높낮이 구조와 그에 따른 명령 체계로서 일사불란하고 기계적으로 착착 움직이는/움직여야 하는 이른바 **관료제**bureaucratie**적인 지층화**가 현실의 사회·정치적인 수준에서뿐만 아니라, 우리의 욕망과 관련한 의식/무의식의 수준에서 작동하는 것입니다.

맨 위의 것이 성립하는 기준이 워낙 중요합니다. 그 기준이 원칙상 여러 개라면 위계적인 지층화가 성립할 수 없습니다. 그 기준은 원칙상 단 하나여야 합니다. 옛날에는 그 하나의 기준이 신이었습니다. 처음에는 여러 신이 있었으나 결국 하나의 신, 즉 유일신으로 귀착했습니다. 유일신에 누가 무엇으로 더

가까이 가 있느냐에 따라 신분이 나뉩니다. 오늘날에는 그 하나의 기준이 무엇일까요? 그런 기준이 있기나 할까요? 있긴 있는 것 같은데 그것이 무엇인지 정확하게 지목하기가 쉽지 않은 걸까요? 가장 쉽게 지목할 수 있는 것은 자본의 생산력에 따라 생겨나는 부富입니다. 권력은 부에 따른 것으로 취급되기 일쑤입니다. 결국은 자본입니다. 자본은 영어로 'capital'이라 합니다. 'capital'의 라틴어 어원은 'capitalis'입니다. 이것은 '머리의'라는 뜻을 갖는데, '머리'를 뜻하는 라틴어 'caput'에서 나왔습니다. 누구나 몸의 맨 꼭대기인 머리, 즉 뇌가 몸을 지배한다고 여깁니다. 몸이 머리를 지배한다는 생각을 좀처럼 하지 않습니다. 머리를 하나의 정점으로 또는 하나의 중심으로 해서 몸 전체가 위계적인 배치 상태를 이루고 있다고 여기는 것입니다. 그런데 그 머리가 바로 옛날에는 '신'이었고, 오늘날엔 '자본'입니다. 둘 다 그 자체로는 눈에 보이지 않고, 그것을 표현하는 수단들만 눈에 보입니다. 그래서 그 하나의 원칙을 망각하기 예사입니다. 중요한 사실은 이 하나의 원칙을 중심으로 한 위계가 본래부터 존재하는가? 그래서 본래부터 정당한 것인가? 하는 것입니다.

이 '하나'를 중심으로 한 위계 조직에서 보자면, 윗것들은 자신의 위력이 유효하게 작동하는 범위, 즉 영토를 넓게 소유합니다. 그 영토의 경계를 침범할 수 있는 아랫것들은 없습니다. 오로지 윗것들만 아랫것들이 점유한 영토의 경계를 침범할 수 있습니다. 사원이 노크도 하지 않고 사장실 문을 열 수 없습니다. 하지만 사장은 사무 책상을 중심으로 한 사원의 영토를 예사로 침범합니다. 이때 사원은 사장의 등장이 침범이 아니라 심지어 은총이라고 생각할 수도 있습니다. 공간적으로 정확하게 보이는 영토만이 영토가 아닙니다. 누군가의 또는 무엇인가의 지배력이 작동하는 장소의 범위 전체가 영토가 됩니다.

높낮이의 층위와 그에 따른 영토들을 통해 일사불란하게 그리고 기계적으로 착착 움직이는 관료제에 따른 위계 조직은 문제가 발생하면 그 작동이 겉으로 뚜렷하게 드러나지만, 평소에는 은근히 무의식들을 관통하면서 오히려 더욱 세게 힘을 발휘합니다. 들뢰즈와 가타리는 하나의 책 속에도 바로 이러한 위계 구조가 암암리에 작동한다고 말합니다. 하지만 앞서 강조한 것처럼, 한 권의 책은 이러한 수직적인 위계에 따른 지층화와 영토화의 질서만으로 이루어진 것이 아닙니다. 그 한 권의 책 속에 이러한 구조를 해체하고 무너뜨리는 강렬한 흐름이 작동하며, 그 흐름을 위한 탈주선, 바깥, 탈지층화, 탈영토화, 다수, 다양태 등으로 표현되는 힘들이 작동합니다. 들뢰즈와 가타리가 역점을 두는 대목이 후자임은 물론입니다. 그러니까 제대로 책을 읽는 사람은, 책의 세계에 제대로 빠져들어 사는 사람은 하나의 정점을 중심으로 위아래 수직적이고, 위계적이고, 기계적인 관료제에 따른 세상 곳곳에 구멍을 뚫어, 그 구멍들로 연결된 지하의 복잡다양한 통로들을 오가면서 '분탕질'을 하는 다양태의 존재인 셈입니다. 그리하여 다양태로서의 책에 빠져들어 사는 사람은 남들이 자신을 쉽게 규정할 수 없게 하고, 마치 바이러스군群인 양 자신의 다양성을 곳곳에 뿌려 오염시킴으로써 위계적으로 고착된 세상을 무너뜨리는 데 일조합니다. 순식간에 수십 개의 얼굴을 바꾸어 내는 다양태인 여러 겹의 인격자, ─인격personality이 '가면'이라는 뜻을 지닌 'persona'에서 유래했다는 사실─ 중국의 변검술사와 같은 방식으로 사는 사람들을 염두에 두게 만듭니다. 가타리와 들뢰즈는 책을 다양태라고 말하면서, 이러한 책을 닮은 사람들의 존재 방식과 그에 따른 실천적인 행동을 요구하는 것 같습니다.

3. 책은 기관들 없는 몸이다

그런데 그들은 '다양태'를 '기관들 없는 몸le corps sanse organes'이라는, 심층의 무언가를 지시하는 어렵고 괴이한 개념에 연결합니다.

[인용문 3] 책은 하나의 다양태une multiplicité다. — 그러나 다자le multiple가 [중심적인 것에] 귀속되기를 그치고 주체적인 상태l'état de substantif로 올라설 때, 그 다자가 무슨 뜻을 함의하게 되는지 아직 모른다. 하나의 기계적인 배치 장치un agencement machinique 는 지층들les strates로 향해지는데, 이 지층들은 기계적인 배치 장치를 필연코 일종의 유기체une sorte d'organisme로 만들고, 또는 자신의 의미를 자아내는 하나의 기표적인 총체une totalité signifiante 로 만들고, 또는 자신을 하나의 주체에 귀속될 수 있는 하나의 규정une détermination으로 만든다. 그러나 하나의 기계적인 배치 장치는 그에 못지않게 하나의 **기관들 없는 몸**un corps sans organes으로 향해지는데, 이 기관들 없는 몸은 유기체를 끊임없이 해체하고, 의미를 벗어난 탈기표적인 입자들les particules asignifiant, 즉 순수

한 강렬함들intenstés pures을 끊임없이 통과시키고 순환시키며, 주체들을 강렬함이 지나간 흔적에 대한 하나의 이름으로만 남게 하면서 그 주체들에 끊임없이 자신을 귀속시킨다. 책의 기관들 없는 몸은 무엇일까? (10/12-13)

책을 다양태로 결론짓더니 결국에는 '기관들 없는 몸'으로 귀착되었습니다. 다양태는 중심이 없이 이리저리 엮여 있는 그물과 같은 것으로 생각하면 되겠습니다. 그물에도 종류가 있습니다. 어떤 방식이건 씨줄과 날줄이 일정한 법칙에 따라 질서정연하게 만들어진 것도 있고, 그물을 형성하는 줄들이 아무 법칙도 방향도 없이 얼기설기 무작위로 연결된 것도 있습니다.

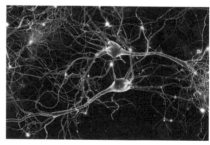

[그림 10] 그물 형태 1

[그림 11] 그물 형태 2

[그림 10]의 그물은 세 개의 층으로, 이른바 적층積層되어 있으면서, 층 하나하나도 그렇고 층들의 연결도 일정한 법칙에 따라 일관되게 구성되어 있습니다. 마치 단백질 분자처럼 흔히 유기적으로 구조화된 분자의 모습입니다. [그림 11]의 그물은 뉴런들의 연결을 나타낸 것인데, 입체적인데도 층을 말할 수 없는 그야말로 무작위의 연결 상태를 이루고 있습니다.

[그림 10]의 적층의 분자 구조에서 연결된 구슬은 원자를 나타냅니다. 크게 확대한 모습이라 그렇지 실제로는 [그림 11] 뉴런의 그물보다 비교할 수 없을 정도로 훨씬 더 촘촘한 입체 그물입니다. 어쨌든, 둘 다 그물을 이루는 요소들, 굳이 크게 나누면, 마디들과 실들이 각기 나름으로 배치되어 있습니다. 둘 다 기계적인 배치 장치라 할 수 있습니다. 알고 보면, 우리의 몸 내외에 존재한다고 말할 수 있는 일체의 것들은 그 하나하나마다 그 속에 이처럼 각기 다른 여러 형태의 그물로 되어 있습니다.

그러니까 존재하는 것들 각각이 하나의 기계적인 배치 장치인데, 그 구조로 보자면 **연결망의 기계적 배치 장치**입니다. 홀로 존재하는 단독의 원소는 없습니다. 겉으로 보기에 홀로 따로 존재한다고 여겨질지라도 마치 멀리 떨어진 자석처럼 암암리에 힘을 주고받으면서 그 힘 관계에 따라 다른 원소들과 하나의 배치 장치를 이룹니다. 불교에서 말하는 연기緣起나 들뢰즈가 특별히 좋아하는, 근대철학의 현자인 스피노자Baruch de Spinoza(1632~1677)가 말한바, 모든 양태 —물체들과 관념들— 간의 신적인, 필연적인 연결을 생각해 봄 직합니다.

그런데 들뢰즈와 가타리는 존재하는 이 모든 기계적인 배치 장치들이 크게 두 방향을 향해 효력을 발휘한다고 말합니다. 하나는 '**지층들**'로 향한 경우이고, 다른 하나는 '**기관들 없는 몸**'으로 향한 경우입니다.

일단 여기에서 가타리와 들뢰즈가 존재하는 일체의 것들을 기계적인 것으로 본다는 점을 잠시 생각해 봅니다. 기계는 무엇인가를 생산하는 것으로서, 기계를 의인법에 따라 달리 말하면 기계는 '생산을 욕망'하는 것이고 또 '욕망을 생산'하는 것임을 염두에 두었으면 합니다. 이에 관해서는 그들이 쓴 『안티-오이디푸스』에서 자세하게 논의했습니다. 그 자세한 논의 내용을 잘 모르긴 하지만, 이 책에서 그들은 프로이트Sigmund Freud (1856~1939)가 무의식에 관해 분석한 것은 '극장'을 모델로 한 데 반해, 무의식에 관한 자신들의 분석은 '공장'을 모델로 삼는다고 말합니다. 그리고 무의식은 기계로서, 생산을 욕망하고 욕망을 생산한다고 말합니다.

이들은 프로이트에 따른 정신분석psychoanalysis을 비난하고 부정하면서 이른바 '**분열분석**schizo-analyse'을 제시하고 주장합니다. 정신분석은 비이성적이고 비정상적인 무의식의 지배를 벗어나 이성적이고 정상적인 의식에 따라 행동할 수 있도록 치료하는 것을 목표로 합니다. 그런데 이들은 무의식에 관해, "문제는 무의식을 생산하는 것이고 그와 더불어 새로운 언표와 다른 욕망들을 생산하는 것이다: 리좀rhizome은 이러한 무의식 자체의 생산production d'inconscient même이다"라고(27/41) 말합니다. 어렵기도 하거니와 지금은 첫 대목에서 '헤매고' 있는 형편이니, 이에 관해서는 그저 '그렇게 말하는구나' 하는 정도로 생각하고 넘어가도록 합니다.

다시 저 앞 57-58쪽의 【인용문 3】으로 돌아갑시다. 기계적인 배치 장치가 이중의 방향으로, 즉 지층들과 기관들 없는 몸으로 향한다고 말하는데, 여기에서 "… **로 향해진다**est tourné vers …"라는 것이 무슨 방식의 상황인지 가늠하기 어렵습니다. 아마도 절로 그렇게 지층들과 기관들 없는 몸으로 향하게 된다는 것 같습니다.

문제는 그다음입니다. 기계적인 배치 장치가 지층들을 만나 유기체가 되고 의미작용의 총체가 되고 주체(또는 실체)에 관한 (귀속되는) 규정이 된다고 말하는데, 이것 참 어찌 보면 뒤죽박죽인 것 같습니다. 유기체 운운하는 것은 생물학적인 차원에 관한 것이고, 의미작용 운운하는 것은 언어학적인 차원에 관한 것이고, 주체(또는 실체)에 관한 규정 운운하는 것은 존재론적인 차원에 관한 것이기 때문입니다. 속된 말로 '1타 3피' 하는 식으로 거대한 차원들을 한꺼번에 포획하겠다는 욕심쟁이 심보가 아닐 수 없습니다. 중요한 것은 이 거대 차원들에서 작동하는 근본 형식들을 거론한다는 사실입니다. 거꾸로 보면, 그 근본 형식들이 이 거대 차원들이 성립하는 기초가 된다고 말하는 셈입니다.

기초를 놓지 않으면 건물을 제대로 세울 수 없습니다. 그러니까, 무엇이건 설립하려면 기초가 튼튼해야 합니다. 살짝 바꾸어 말하면, 기초는 설립되는 것에 대해 중심 원리로 작동합니다. 우리는 흔히 '기초'에 대해서는 "기초를 세운다"라고 말하고, '중심'에 대해서는 "중심을 잡는다"라고 말합니다. 그러니까 어떤 일이건 기초를 세워 중심을 잡는 것은 그 위에 수직의 형태로 뭔가를 설립하는 것이겠습니다.

이러한 기초/중심과 건축물/구조물의 관계를 들뢰즈와 가타리가 말하는 '기계적인 배치 장치'에 응용해서 생각해 봅시다. "기계적인 배치 장치가 지층들로 향한다"는 것은 그럼으로써 유기체를 만들기 때문에 기계적인 배치 장치가 유기체를 지향해 유기체로 되는 결과를 낳는다는 것으로 보면 되겠습니다. 그리고 "기계적인 배치 장치가 기관들 없는 몸으로 향한다"는 것은 기계적인 배치 장치가 기관들 없는 몸을 지향해 기관들 없는 몸이 되는 결과를 낳는다는 것으로 이해하면 되겠습니다.

유기체로 된 기계적인 배치 장치는 연결의 형태를 구분하면서 제시한 앞의 [그림 10]처럼 질서정연한 형태를 띨 것입니다. 그러려면 뭔가 기초로서 중심이 되는 원리가 작동해야 할 것입니다. 하지만 [그림 11]처럼 기계적인 배치 장치가 무질서한 방식의 형태를 —아예 무질서한 것은 아닙니다만— 띨 때, 그렇게 무질서하도록 만드는 어떤 힘이 작동했다고 할 것인데, 그 힘은 무슨 기초/중심으로서 그 위에 수직적인 질서를 만드는 것이 아님이 분명합니다. 그 힘을 일컬어 '기관들 없는 몸'으로서 작동하는 힘이라 일컫는다고 하겠습니다.

'기관들 없는 몸'이라는 개념은 들뢰즈와 가타리의 존재론에서 워낙 중요합니다. 우리는 저 앞에서 하나의 책이 배치 장치라고 할 때, 그 배치 장치에서 '분절선-지층화-영토화'의 정적인 구성뿐만 아니라 그 바탕에 '탈주선-탈지층화-탈영토화'의 운동·역동적인 구성이 있다고 했습니다. 이 후자의 구성과 관련한 힘이 바로 '기관들 없는 몸'입니다. 그래서 【인용문 3】 맨 마지막에서 "책의 기관들 없는 몸은 무엇일까?"라고 물었던 것입니다.

기계적인 배치 장치가 한편으로는 유기체적이지만, 다른 한편으로는 기관들 없는 몸이라는 것입니다. 그런데 '기관들 없는 몸'은 '유기체로서의 기계적인 배치 장치'를 해체해 버리고 의미를 날림으로써 그것을 그 어떤 규정도 불가능하게 만드는 "순수한 강렬함"으로 변환시킵니다. 그리하여 이제 기계적인 배치 장치는 '기관들 없는 몸'을 통과하면서 끊임없이 순환하게 된다고 말합니다. 뭔지 모르지만, 대대적인 사건이 벌어짐에는 틀림이 없는 것 같습니다. 과연 무슨 사건일까요? 이를 알기 위해서는, 다소 귀찮긴 하지만 어쩔 수 없이 들뢰즈가 1969년에 출간한 『의미의 논리*Logique du Sens*』(Les Édition de Minuit, 1969. 'LdS'로 약칭)의 한두 대목을 보아야 할 것 같습니다.

[인용문 4]　이제 승리는 모든 문자적, 음절적, 음성적 가치들이 글로 표현되지 않고 **오직 강세적일 뿐인 가치들**에 의해 대체되는바 말-호흡들, 말-외침들의 수립에 의해서만 획득될 수 있다. **오직 강세적일 뿐인 이 가치들**에 분열증적인 몸의 새로운 차원인 영광스러운 몸, 즉 공기 주입, 공기 흡입, 발산, 유체적流體的인 전달 등에 의해 모든 일을 처리하는, 부분들 없는 유기체(앙토냉 아르토의 상위의 몸 또는 기관들 없는 몸)가 상응한다. (LdS, 108)

[인용문 5]　총체적인 외침은 물기로 축축하게 하는 기호의 자음들처럼, 덩어리진 바닷속의 물고기들처럼, 혹은 기관들 없는 몸을 형성하는 핏속의 뼈들처럼, 호흡 속에 들러붙는다. (LdS, 109-110)

【인용문 5】에서 말하는 "총체적인 외침"은 정상적인 쪽에서 보면 전혀 말로 여길 수 없는, 그러니까 의미가 제대로 성립되지 않는 원초적인 언어라 할 수 있습니다. 【인용문 4】에서 알

수 있듯이, 유체적流體的인 호흡 자체로만 자신을 표현하는 분열증적인 몸을 들뢰즈는 "영광스러운 몸"이라 부르면서, 잔혹극의 창시자인 아르토Antonin Artaud(1898~1948)의 용어를 빌려 "상위의 몸" 혹은 "기관들 없는 몸"이라 칭합니다.

아르토의 잔혹극은 연극의 한 형식입니다. 마치 옛 원시적인 고대 부족 사회에서 샤먼이 동물/인간의 피를 바쳐 주술적인 희생제의를 시행하고, 그럼으로써 부족의 오염된 영혼을 씻어 신성하게 만들고자 한 것처럼, 잔혹극은 연극을 통해 관객의 영혼을 정화하고자 하는 형식의 연극입니다. 무대에서 피가 흘러내려 관객석으로 파고드는 방식을 취하기도 합니다. 아르토는 그러한 광기 때문에 감옥에 갇히기도 했던 기이한 인물입니다. 그런 아르토가 제시한 '기관들 없는 몸'이라는 개념을 들뢰즈가 자신의 존재론을 위한 기초로 끌어들여 그 기반으로 삼은 것입니다.

들뢰즈는 아르토를 문학에서 절대적인 깊이를 달성한, 살아 있는 몸과 이 몸의 놀라운 언어 활동을 발견한 유일한 작가라고 치켜세웁니다. 심지어 그가 자주 인용하는 『이상한 나라의 앨리스』의 작가 루이스 캐럴Lewis Carroll(1832~1898)의 모든 저작을

[그림 12] 앙토냉 아르토

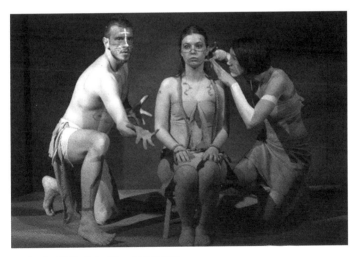

[그림 13] 잔혹극 〈Jet of Blood〉의 한 장면

다 합쳐도 아르토가 쓴 한 페이지의 글보다 못하다고 말할 정도로(LdS, 114 참조) 그를 최고도로 평가합니다.

들뢰즈는 분열증 환자가 자기의 몸에 대해 느끼는 여러 현상을 바탕으로 아르토가 말한 '기관들 없는 몸'을 지적해 내고 있습니다. 그러면서 그것을, 모든 사물을 포섭해 녹여 유체流體처럼 흐르도록 하면서 그 모든 사물을 관통하는, 근원적인 심층의 힘으로 봅니다. 그리고 거기에서 말과 사물이 한데 결합한 상태로, 혹은 언어와 몸이 하나로 결합한 상태로 총체적인 외침이 되어 나오는 것을 봅니다.

이 대목에서 들뢰즈가 1981년에 쓴 『감각의 논리Logique de la sensation』(Les Édition de Minuit, 1981)에서 분석하고 있는 화가 프랜시스 베이컨Francis Bacon(1909~1992)이 그린 다음의 두 그림을 보지 않을 수 없습니다.

이 그림들을 통해 '기관들 없는 몸'에 연결되는 총체적인 외침이 어떤 것이며, 그 외침을 통해 어떻게 인물이 사물로, 그리고 사물이 강렬함의 외침으로 변환하는가에 대해 대략 감을 잡을 수 있습니다. 그렇다면 앞선 「서론: 리좀」의 【인용문 3】(57-58쪽)에서 들뢰즈와 가타리가 제시한 "책의 기관들 없는 몸은

[그림 14] 〈벨라스케스의 교황 인노첸시오 10세의 초상화에 따른 연구〉(1953)

[그림 15] 〈머리 Ⅵ〉(1949)

무엇일까?"라는 물음은 "책의 총체적인 외침은 무엇일까?"라는 물음으로 바꾸어 읽는다고 해서 무리는 아닐 것입니다. 그러고 보면, 혹시 『천 개의 고원』이란 책의 총체적인 외침은 "기관들 없는 몸으로 돌아가자!"라는 한 문장으로 압축될 수 있지 않을까 하는 생각을 하게 됩니다.

'기관들 없는 몸'은 앞선 【인용문 4】와 【인용문 5】에서처럼 『의미의 논리』에서뿐만 아니라, 간접적으로 설명하는 것은 물론, 아예 직접적으로 『안티-오이디푸스』의 여러 곳에서도 거론

됩니다. 그중 한 대목입니다.

> **[인용문 6]** 하나의 고원은 내재성의 한 조각이다. 각각의 CsO는 고
> 원들로 되어 있다. 각각의 CsO는 그 자체 밀도의 판면 위에서 다
> 른 고원들과 소통하는 하나의 고원이다. 각각의 CsO는 이행移行
> 을 이루는 하나의 성분이다. (196/303)[17]

CsO는 '기관들 없는 몸Corps sans Organes'의 머릿글자를 따서 표
기한 것입니다. 여기에 『천 개의 고원』이란 책의 제목에 들어
있는 '고원plateau'이란 낱말이 들어 있습니다. 고원은 혹시 '기관
들 없는 몸'의 총체적인 외침을 형성하는 파동의 마루들이 연결
되어 이루는 고도高度의 흐름이 아닐까, 하고 미리 생각해 봅니
다. 이에 관해서는 차차 생각하게 될 것입니다.

우리의 삶은 사회·문화적인 관습과 도덕 그리고 국가적인
법이라는 틀 속에서 이루어집니다. 하지만 어떻습니까? 그것들

---

17 빗금 앞의 숫자는 *L'Anti-OEdipe: capitalisme et schizophrénie 1* (Édition de Minuit,
1972)의 쪽수이고, 빗금 뒤의 숫자는 국역본 『안티 오이디푸스, 자본주의와
분열증 1』(김재인 옮김, 민음사, 1996)의 쪽수임.

만으로 우리의 삶을 바라볼 수 있습니까? 왠지 알 수 없는, 왠지 미칠 것 같은, 왠지 언젠가는 뒤집히고 말 것 같은 기이한 힘이 삶의 저변에서 작동하는 것 같다는 느낌이 가끔 찾아오지 않습니까? 그래서 그 어떤 우울의 기색도 허용하지 않는 강렬한 몸짓, 광기로 부릅뜬 눈, 미친 듯 춤을 추면서 급기야 거추장스러운 듯 옷을 홀랑 다 벗어 던지고 각본 없이 발버둥 치는 맨몸, 최고도의 밀도와 강도로 끌어올려 클라이맥스로 향하는 최절정의 음악 또는 성적 오르가슴 등을 기대하지 않는가요? 그리하여 사회·정치적인 일체의 규범을 아예 망각해 버리는 경지를 동경하지 않는가요? 말하자면, 그것은 우리의 기계적인 배치 장치인 몸이 '기관들 없는 몸'을 찾아가 함께 분열증의 상태로 돌입하고자 하는 일종의 본능을 벗어날 수 없음을 암시한다고 하겠습니다. 그와 아울러 존재 전체가 그러한 우리의 분열증적인 본능과 한껏 조응하기를 바란다는 것을 암시한다고 할 것입니다. 여기에서 '기관들 없는 몸'을 운위하는 들뢰즈와 가타리가 권유하는 한편의 삶의 방식, 내지는 존재 방식을 가늠할 수 있지 않을까 싶습니다.

3장
다양태인 고원들로 된 리좀

1. 고원이란?

앞 2장 마지막 대목에서 들뢰즈가 『의미의 논리』에서 '기관들 없는 몸'에 관련해서 '총체적인 외침' 운운하는 대목을 찾아보았고, 그 형상形狀을 『감각의 논리』에서 다루는 화가 프랜시스 베이컨의 〈벨라스케스의 교황 인노첸시오 10세의 초상화에 따른 연구〉([그림 14])에서 보았습니다. 그리고 우리는 그 내용을 정리하는 척하면서 마지막 대목에서 이런 말을 했습니다.

CsO는 '기관들 없는 몸Corps sans Organes'의 머릿글자를 따서 표기한 것입니다. 여기에 『천 개의 고원』이란 책의 제목에 들어 있는 '고원plateau'이란 낱말이 들어 있습니다. 고원은 혹시 '기관들 없는 몸'의 총체적인 외침을 형성하는 파동의 마루들이 연결되어 이루는 고도高度의 흐름이 아닐까 하고 미리 생각해 봅니다.

이러한 우리의 예단은 과연 어느 정도로 들뢰즈와 가타리의 의중과 들어맞을까요? 「서론: 리좀」이란 글은 글 쓴 순서대로 '착하게' 읽어 갈 수는 없는 성격의 글입니다. '고원高原, plateau'에 관한 대목을 찾아 저 뒤로 넘어가 봅니다.

[인용문 7] 하나의 고원은 항상 중간에 있지 시작이나 끝에 있지 않다. 하나의 리좀은 고원들로 되어 있다. 그레고리 베이트슨은 아주 특수한 어떤 것, 즉 저 자신에서 진동하고 그럼으로써 하나의 클라이맥스나 하나의 외부 목적을 향하는 것을 회피하면서 저 자신을 확장해 나가는 강렬함들로 지속하는 하나의 지대région를 지적하기 위해 "고원"이란 말을 사용한다. 베이트슨은 예를 들어 발리인들의 문화를 인용한다. 거기에서는 엄마와 아이의 성적 놀이들 또는 남자들의 전쟁들이 이러한 강렬하면서도 기이한 안

정 상태를 거친다. "강렬함으로 지속하는 일종의 고원은 오르가 슴을", 싸움 또는 클라이맥스를 대체한다. (32/48, 밑줄은 인용자)

이 인용문은 「서론: 리좀」에서 '고원'이란 말이 처음으로 나오는 부분입니다. 여기에서 들뢰즈와 가타리는 '고원'이란 말을 베이트슨이 『마음의 생태학Steps to an ecology of mind』(1972; 박대식 역, 책세상, 2006/2017)에서 어떤 식으로 쓰는지를 지적하고 있습니다. 불행 중 다행인지 다행 중 불행인지 알 수 없지만, 그다지 오래 지나지 않은 때 나는 이 『마음의 생태학』을 사서 일독했습니다. 베이트슨Gregory Bateson(1904~1980)은 생물학, 인류학, 인공두뇌학, 유전학, 정신의학, 병리학, 생태학 등 다방면의 학문에서 큰 연구 성과를 남긴 뛰어난 학자입니다.

들뢰즈와 가타리는 이 『마음의 생태학』에 등장하는 발리인들의 문화를 언급하는데, 이에 관한 글은 1942년에 출간한 『발리인의 성격, 사진 분석』에 들어 있는 것을 다시 정돈한 것입니다. 『발리인의 성격, 사진 분석』은 베이트슨이 역시 뛰어난 인류학자인 그의 아내 마거릿 미드Margaret Mead(1901~1978)와 함께 연구한 성과를 담은 책입니다.

암튼, 그 함의를 파악하기는 어렵지만, 여기 인용문에서 들뢰즈와 가타리가 들먹이는『마음의 생태학』속 '엄마와 아이의 성적 놀이'는 대략 이렇습니다. 엄마가 아이의 음경을 잡아당기거나 하면서 가지고 놉니다. 아이가 서서히 흥분해서 급기야 엄마의 목에 매달립니다. 이때 엄마는 아이에게 무심함을 보입니다. 아이는 화가 치밀어오를 때까지 점점 더 흥분이 누적되어 엄마를 공격합니다. 엄마는 아이의 공격을 개의치 않는 듯 뿌리치면서 무시합니다.

이 예를 바탕으로, 베이트슨은 발리인들이 '자극적인 공격의 누적으로 분열이 발생하여 고착되는 것'을 혐오하는 문화를 형성하는 경향이 있음을 설명합니다. 그런데 발리인들의 엄마와 아이의 성적 놀이를 소개한 뒤 베이트슨은 이렇게 말합니다.

[인용문 8] 아이가 발리인의 삶에 점차 완전하게 적응하게 되면서 지속적인 강도強度(강렬함)의 고원plateau이 클라이맥스를 대체할 수 있다. 현재 이것이 성적 관계에 대한 명백한 전거典據가 되지는 못하지만, 고원 형태의 과정이 신들린 상태나 싸움의 특징이라는 표시는 존재한다. (국역본, 216, 밑줄은 인용자)

무슨 뜻인지 이해하기가 쉽지 않습니다. 여기에서 베이트슨은 "고원 형태의 과정이 싸움의 특징이라는 표시다"라고 하는데, 베이트슨은 발리인들이 분쟁에 의한 싸움을 처리하는 특이한 방식에 대해 이렇게 말합니다. 그 내용이 기이하고 흥미롭습니다. 들뢰즈와 가타리의 글만 해도 어려운데, 이렇게 베이트슨의 글로 뛰쳐나가 읽어야 하느냐, 하고 속마음으로 불평할 수도 있겠지만, 참고 들어 봅시다.

[인용문 9] 싸운 두 사람은 공식적으로 추장의 지방 행정사무소로 가서 자신들의 싸움을 등록하고, 누구든지 상대방에게 먼저 말을 거는 쪽은 일정한 벌금을 내거나 신에게 희생물을 바치기로 합의한다. 나중에 싸움이 종료되면 이 계약은 공식적으로 취소된다. [...] 이러한 과정이 싸움의 주인공들을 적개심에서 멀어지게 하고 우의를 다지도록 만들려는 과정이 아니라는 사실이 아마도 중요할 것이다. 오히려 그것은 그들의 상호 관계의 상태에 대한 공식적인 인식이며, 될 수 있는 한 그러한 상태로 어느 정도까지 관계를 고정하는 것이다. 이러한 해석이 맞는다면, 분쟁을 처리하는 이런 방법은 클라이맥스를 안정 상태로 대체하는 것에 해당한

다. (국역본, 216-217, 밑줄은 인용자)

발리인들이 싸우는 방식은 참으로 기이합니다. 여기에서 말하는 '안정 상태'는 싸운 자들이 계속 적개심을 높이다가 클라이맥스에 이르러 심한 분열 상태로 나아가는 것도 아니고, 그렇다고 적개심에서 벗어난 것도 아닌, 다소 어정쩡한 상호 관계의 상태입니다. 그러니까, 이 안정 상태는 팽팽한 긴장감을 유지하는 상태라 할 수 있습니다.

이 안정 상태가 클라이맥스를 대체한다고 말하는데, '고원'을 언급하는 【인용문 8】에서 베이트슨은 "지속적인 강도의 고원이 클라이맥스를 대체할 수 있다"라고 말하고, "강렬함으로 지속하는 일종의 고원은 오르가슴을 대체한다"라고 말합니다. 오르가슴이 성적 클라이맥스絶頂임은 당연합니다. 또 들뢰즈와 가타리 역시 이를 인용하고 있습니다. 이 "지속적인 강도의 고원"은 분열도 화합도 아닌 팽팽한 긴장감을 계속 유지하는 안정 상태를 달리 일컫는다고 하겠습니다.

그렇다면 우리가 지난 시간에 "고원은 혹시 '기관들 없는 몸'의 총체적인 외침을 형성하는 파동들의 정점들이 연결되는 곳이 아닐까?" 했던 추측은 얼추 적중했다고 할 수 있겠습니다. 【인용문 7】(74-75쪽)에서 들뢰즈와 가타리가 베이트슨이 말하는 고원을 두고 "저 자신에서 **진동하고 그럼으로써 하나의 클라이맥스나 하나의 외부 목적을 향하는 것을 회피하면서 저 자신을 확장해 나가는 강렬함들로 지속하는 하나의 지대**région"라고 한 데서 고원이 저 스스로 강렬한 파동을 일으키면서 확장되어 나간다는 것만큼은 분명합니다. 그 파동들에서 정점을 이루는 마루들이 연결되고 선들이 여기저기로 얽히면서 수평적으로 확장되는 모습形狀을 떠올리면 지구과학에서 말하는 '고원'의 이미지와 얼추 맞는다고 생각할 수 있겠습니다.

늦지 싶은데 이쯤에서 지구과학에서 말하는 '고원'의 정의와 모습을 살펴봅시다. 내셔널 지오그래픽 백과사전에 이렇게 되어 있습니다: "고원은 주변 지역에서 우뚝 솟구쳐 들어올려진 평평한 땅의 형태다. 산과 평야와 언덕과 더불어 지구를 구성하는 땅의 네 가지 형태 중 하나다."

[그림 16-1]은 지구에서 가장 넓은 고원인 티베트 고원을

[그림 16-1]

[그림 16-2]

수평으로 멀리서 찍은 사진이고, [그림 16-2]는 티베트 고원을 아주 높은 곳에서 찍은 사진입니다. 고원은 지각 변동으로 인해 솟아올라 생긴 것도 있고 화산 폭발이 계속되어 넓게 퍼져 생긴 것도 있습니다. 평평하고 넓은 고원은 오랜 세월 풍화작용에 따라 무른 부분이 무너져내리고 단단한 부분이 남아 여러 개의 산처럼 되기도 하고, 가운데로 강물이 흘러 사이에 깊은 계곡을 형성하기도 합니다. 재미 삼아 찾아본 것입니다.

암튼, 들뢰즈와 가타리가 원용하고 있는 고원에 관한 베이트 슨의 설명에서 중요한 점은 다음과 같습니다: ① '고원'은 외부의 자극을 받아 진동하지 않고 저 스스로 강렬하게 진동한다. ② 그러나 그 진동의 폭이 점점 더 커져 견딜 수 없는 절정絶頂 (클라이맥스)에 다다르거나 외부에서 주어지는 초월적인 목적을 이루고자 하지 않는다. ③ 그런데도 지속해서 긴장된 안정 상태를 유지한다.

2. 고원과 리좀

그런데 【인용문 7】(74-75쪽) 첫 대목의 "하나의 고원은 항상 중간에 있지 시작이나 끝에 있지 않다. **하나의 리좀은 고원들로 되어 있다**"라는 말에서 알 수 있듯이, 고원은 달랑 하나의 지대地帶로만 고립해 있지 않고 여러 다른 고원들과 얼기설기 연결되어 있음을 알 수 있습니다. 실제로 그러합니다. 무수히 많은 다른 고원들과 연결되어 있기에, 하나의 고원은 항상 중간에 있다고 말할 수밖에 없고요. 지질학적으로 보면, 풍화작용이나 강물의 침식작용에 의해 하나의 고원이 마치 여러 개가 얼기설기 연결되어 있는 것처럼 보이기 때문에, 하나니 둘이니 셀 수 있는 것도 아니라 하겠습니다. 그래서일 텐데, 들뢰즈와 가타리는 '고원'에 관해 또 이런 말을 합니다.

[인용문 10]   우리는 표면적인 땅속줄기들에 의해 하나의 리좀을 형성하면서 확장하는 방식으로 다른 다양태들과 연결할 수 있는 모든 다양태를 "고원"이라 부른다. (33/49)

이 인용문을 압축하면, "**고원은 하나의 리좀을 형성하면서 서로 연결된 모든 개개의 다양태다**"가 되겠습니다. '개마고원'이라는 말에서 알 수 있듯이, '고원'이라고 하면 왠지 어마어마하게 크게 넓은 지대를 떠올립니다. 특히, 고원은 유목민들의 삶의 터전으로서 눈에 다 담을 수 없이 끝없이 펼쳐지는 초원이지 않습니까? 들뢰즈와 가타리가 유목민nomad의 삶의 방식을 적극적으로 주장하고 권장한다는 건 유명합니다. 우리가 고원을 생각할 때 유목민을 뺄 수는 없습니다.

그런데 리좀을 형성하는 다양태들을 '고원'으로 부른다고 하니까, 왠지 '고원'에 미안한 마음이 듭니다. 리좀의 대표적인 예가 초원의 풀이나 뇌의 신경회로인데, 저렇게 큰 규모의 고원을 이 작은 규모의 리좀을 구성하면서 그 속에 속한 것인 양 말하니까 그렇습니다. 말하자면, 리좀 속에 고원들을 억지로 욱여넣은 것 같아 뭔가 어색합니다. 암튼 그렇다고 하니, 어쩔 수 없이 그렇게 이해해야 하겠습니다.

지난 시간에 우리는 현존하는 개개의 것들을 '기계적인 배치 장치'로 규정할 수 있다고 했습니다. 그리고 하나의 '기계적인 배치 장치'에는 한편으로는 분절의 선들과 분할의 선들 그리고 그에 따른 지층들과 영토들이 있고, 다른 한편으로는 탈주의 선들이 있어 이에 따른 탈영토화의 운동과 탈지층화의 운동이 다양한 방식으로 일어난다고 했습니다. 그러면서 이 모든 것이 우글거리기 때문에 '기계적인 배치 장치'가 곧 '다양태'가 된다고 했습니다.

그런데 이렇게 글의 마지막 부분에 이르러서는 '다양태'를 '고원'이라고 하는 거대한 형세와 동일시합니다. 그러면서 다양태들 또는 고원들이 서로 연결되어 '하나의 리좀'을 형성한다고 말합니다. '리좀'의 개념을 들뢰즈와 가타리가 어떻게 확장해서 규정하고 활용하는가는 다음에 구체적으로 살펴보기로 하고,

여기에서 다양태들 또는 고원들이 땅속줄기들에 의해 서로 연결되어 확장하는 방식으로 리좀을 형성한다는 말이 나왔으니, 일단 '리좀' 개념의 원천인 식물학에서 말하는 '리좀'을 간략하게 살펴보기로 합시다.

리좀은 땅속줄기인데 이는 뿌리줄기의 한 형태입니다. 뿌리

[그림 17-1] 땅속줄기(근경)

[그림 17-2] 덩이줄기(괴근)

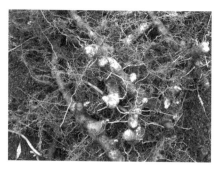

[그림 18] 마의 일종인 '단풍마'

84

줄기에는 땅속줄기(리좀), 덩이줄기tuber(괴근塊根), 비늘줄기bulb (구근球根) 등이 있습니다. 덩이줄기의 대표적인 식물로 감자가 있습니다. 비늘줄기의 대표적인 식물은 양파입니다. 그리고 땅속줄기의 대표적인 식물로는 한약재로 쓰이는 수경 식물인 택사나 흔히 집에서 갈아먹는 마(산약)가 있습니다.

땅속줄기 식물, 즉 리좀 식물은 리좀으로만 되어 있는 것이 아닙니다. 리좀 식물은 리좀, 즉 땅속줄기를 지표 가까운 땅속에서 수평 방향으로 복잡하기 이를 데 없이 무질서하게 뻗어나가면서 그 줄기의 마디마디에서 위로 싹과 긴 잎들을, 아래로 잔뿌리들을 내리는 식물입니다. 대표적인 것은 바랭이(게풀 crab-grass)와 같은 잡초들입니다. 그 축도縮圖는 [그림 20]과 같습니다.

[그림 19] 게풀(바랭이)

[그림 20] 리좀 식물

일단 생물학에서 말하는 리좀을 이 정도로 해서 상식으로라도 삼았으면 합니다. 유명한 TV 프로그램 제목이었던가요? '알쓸신잡(알아두면 쓸데없는 신비한 잡학사전)'이라 생각해도 좋겠습니다. 그러고는 이제 다시 「서론: 리좀」으로 되돌아갑시다.

3. 책 『천 개의 고원』을 이루는 고원들

저 앞 2장 2절에서 다양태로서의 책을 생각했습니다. '고원'이 뭔가를 이해하기 위해 또다시 책에 관한 들뢰즈와 가타리의 이야기를 살펴야겠습니다. 3장 2절의 【인용문 4】(65쪽)에 이어 이들은 이렇게 말합니다.

[인용문 11]   우리는 이 책을 하나의 리좀으로 썼다. **우리는 이 책을 고원들로 구성했다.** 우리는 이 책에 순환적인 형식을 부여했는데, 하지만 그것은 웃자고 한 짓이었다. 우리는 아침마다 일어나 각자 어떤 고원들을 채택할지 서로 물었고, 이 고원에서는 다섯 줄, 다른 고원에서는 열 줄을 쓰곤 했다. 우리는 환상적인 체험을 했다. 우리는 작은 개미 떼와 같은 줄線들이 다른 새로운 고원을 차지하기 위해 기존의 고원을 떠나는 것을 보았다. 우리는 수렴원收斂圓들을 만들었다. 각각의 고원은 어느 지점에서건 읽힐 수 있고, 어떤 다른 고원과도 관계 맺을 수 있다. (33/49, 강조는 인용자)

들뢰즈와 가타리가 이 『천 개의 고원』이란 책을 실제로 어떻게 썼는가가 묘사되어 있습니다. 정말 이렇게 했을까? 하는 의구심이 들지 않는 것은 아닌데, 암튼 재미있습니다. "오늘은 너 뭐 쓸래?" 하는 말을 아침마다 했다는 건데, 이를 그럴듯하게 그들의 뜻을 살려, "오늘은 너 어떤 고원을 잡아 쓸래?" 했다고 말하고 있습니다. 때론 다섯 줄짜리 고원을, 때론 열 줄짜리 고원을 만들어 채워 나가는데, 그 글자들이 이어지면서 만드는 줄들이 정말 작은 개미 떼인 것 같이 느껴지는 환상적인 체험을 했다는 것입니다. 그럴 때 아마도 글자들 하나하나가 한 마리의 작은 개미처럼 다가왔을 겁니다. 참으로 묘한, 마치 어린 아이들처럼 재미있게 상상력을 발휘하여 '놀고' 있습니다.

"**수렴원들**cercles de convergence**을 만들었다**"라는 말이 이해하기가 좀 어렵습니다. '수렴원'이 아마도 수학에서 전문적으로 쓰는 용어이지 싶어 인터넷을 찾아보니, 아니나 다를까 "복소수의 멱급수가 복소평면의 일정한 원 내부에서는 모두 수렴하고 원 외부에서는 발산할 때, 그 원을 이르는 말"이라고 정의되어 있습니다. 수학, 특히 고급수학에 문외한인 우리로서는 도대체 무슨 뜻인지 전혀 알 수 없습니다. 아마도 그랬을 것 같은데, 만약 이러한 수학적인 내용을 정확하게 이해하고 이 용어를 썼다면, 들뢰즈와 가타리는 정말 대단하다 하지 않을 수 없겠습니다. 인터넷에 〈radius of convergence(수렴의 반지름)〉와 〈circle of convergence(수렴원)〉라는 제목으로 이런 그림들이 있습니다.

우리로서는 복소평면, 멱급수 내지는 멱집합 등의 수학 세계가 정말 정교한 추상적 세계를 다루는구나, 하는 찬탄을 표할 뿐 그 내용은 알 수 없습니다. 암튼, [그림 22]의 수식을 그래프

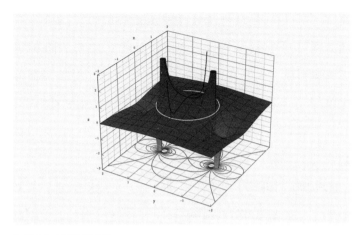

[그림 21] 수렴의 반지름

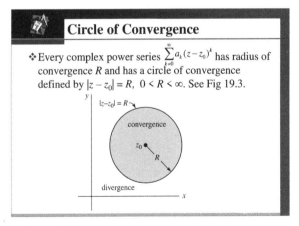

[그림 22] 수렴원

로 표시하니 [그림 21]과 같은 입체 좌표축에서의 기묘한 형태의 도형이 만들어진다는 것만 생각해 봅니다. [그림 21]을 보면 이 아래위로 기묘한 형태의 요철을 지닌 곡면이 있고, 요철의 구멍 난 통로를 따라 곡면 바깥 어디론가 연결되는 지점에서 묘하게 원들이 수렴되는 현상을 나타내는 것을 확인할 수 있습니다.

들뢰즈와 가타리가 아침마다 채택해서 그 내용을 채우는 고원들이 서로 겹치기도 하고 이탈하기도 하면서 암암리에 수렴된다는 것으로 해석할 수 있겠습니다. 아닌 게 아니라, 지금 우리는 「서론: 리좀」에 관한 강의를 하고 듣고 있는데, 우리의 이 강의가 무작위적인 방식으로 이곳저곳을 들쑤시고 다니는 데도 별달리 큰 문제가 없어 보입니다. 왜 그럴까요? [그림 21]의 수렴원이 퍼져 나가는 입체적인 구조에서 깊숙이 내려앉는 구멍들이 있어 그 구멍을 통해 다른 곳으로 빠져나갈 수 있는 것처럼, 우리의 강의도 그들이 「서론: 리좀」에 "수렴원들을 만들어 놓았고" 그 수렴원들의 통로를 따라 다른 곳으로 마음대로 왔다 갔다 할 수 있기 때문입니다. 그래서 편하긴 한데, 마음 한편에서 왠지 '아이고! 골치 아픈 나쁜 인간들!'이라는 말이 절로 나오는 것 같습니다.

암튼, 이런 식의 글쓰기를 우리로서는 '리좀식 글쓰기'라고 명명해야 할 것 같습니다. 리좀 식물의 경우, 땅속줄기가 지표 아래의 땅속에서 온갖 방향으로 확산하면서 곳곳의 마디에서 싹과 잎들을 올리고 뿌리들을 내린다고 했습니다. 여기에서 마디마다 생겨나는 싹과 잎들과 뿌리를 하나의 고원으로 볼 수 있을 것입니다. 그렇다면 고원들은 모종의 흐름을 통해, 즉 연결되면서 여러 갈래로 벌어지고 빙 돌아 어쨌건 만나 수렴되는 땅속줄기의 흐름을 통해 온갖 방향으로 연결될 것 같습니다.

4. 사이-존재론

이러한 구조를 지닌 '리좀식 글쓰기'에 의한 책은 그 전체로 하나의 거대한 리좀이라 해야 하겠습니다. 「서론: 리좀」의 첫 페이지에서는 "**책은 하나의 다양태다**"라고(10/12) 했습니다. 그러나, 이제 이 【인용문 11】에 따르면, "**책은 하나의 리좀이다**"라고 해야 마땅할 것 같습니다.

1) 고원과 리좀, 중간의 현존

그러니 리좀을 형성하는 책의 고원들은 굳이 어느 것을 어느 것보다 더 먼저 읽어야 한다고 할 수 없게 됩니다. 즉 【인용문 7】(74-75쪽)에서 "**하나의 고원은 항상 중간에 있지 시작이나 끝에 있지 않다**"라고 했을 때 시작이니 끝이니 중간이니 하는 것은 하나의 리좀 전체를 두고 하는 말일 수밖에 없습니다. 이는 「서론: 리좀」의 맨 마지막 바로 앞 페이지에 쓴 "**하나의 리좀은 시작하지도 않고 끝나지도 않는다. 리좀은 언제나 중간에, 사물들 사이에 있고, 사이-존재inter-être이고 간주곡이다**"(36/54)라는 말로 변주되어 나타납니다.

이러한 이야기에 다소 구체적인 이해를 얻고자 한 가지 예를 들어 생각해 보기로 합니다. 우리는 태어나서 지금까지 여러 영역의 여러 성격을 가진 많은 사람과 만나 교류해 왔습니다. 내가 영식이를 통해 처음으로 철수를 만났고, 철수를 통해 처음으로 영희를 만났다 해 봅시다. 이 경우, 언뜻 보면 영식이가 만남의 시작이고 영희가 만남의 끝인 것 같습니다. 하지만, 실제 만남과 교류 관계에서는 그같이 시작과 끝을 말할 수 없습니다. 첫째는 영식이를 만나게 된 앞선 계기도 있을 것이고 영희를 만남으로써 이뤄지는 다른 계기도 있을 것이기 때문입니다. 둘째는 만남을 지속하다 보면 영식이나 철수보다 영희와 더 절친해질 수도 있고, 이때 철수에 대한 안부를 영희에게 물어볼 수도 있기에 중심이 영희인 것처럼 여겨지고 영희가 시작일 수도 있을 것이기 때문입니다. 요컨대, 내가 살아오면서 맺은 인간관계는 당연히 리좀식의 여러 다양태로 연결되어 있기 마련이고, 다양태 하나하나마다 여러 사람과 맺는 특정한 관계들이 작동하고 있을 것이기 때문에, 인간관계의 그물망에서 누가 시작이고 누가 끝이라고 말할 수 없는 것입니다.

이러한 일은 반복해서 말했다시피, 인터넷을 활용하는 데서 여실히 드러납니다. 궁금한 단어, 예컨대 '리좀'이란 단어를 검색란에 쳐 뭔가 원하는 내용을 제공할 것 같은 사이트에 접속합니다. 그 사이트에 들어갔더니 예사로 '들뢰즈' 운운하는 대목이 포함되어 있고, 들뢰즈가 언급한 '리좀'이 본래 식물학적인 용어임을 알게 됩니다. 그래서 '식물학에서의 리좀' 운운하는 데서 다른 사이트에 연결해서 알아볼 수 있음을 알리는, 푸른색으로 표시된 하이퍼링크의 '리좀'을 클릭합니다. 그랬더니, 식물의 뿌리들에 관한 설명이 들어 있는 사이트에 접속됩니다. 이것을 읽다 보니, 어느 구석엔가 '들뢰즈는『천 개의 고원』에서 리좀을' 운운하는 대목이 있고, 여기에 또 '리좀'이 푸른색 하이퍼링크로 표시되어 있습니다. 그 옆에 작곡가 'SYLVANO BUSSOTI'가 그린 악보가 등장합니다. 악보 그림을 클릭하니 작곡가 부소티가 누구인지 또 무엇을 했는지가 나옵니다. 그러면서 푸른색 하이퍼링크로 표시된 '무조음악'이 나오고, 이를 계기로 클릭에 클릭을 연속해 나가다 보니 어느덧 푸른색 하이퍼링크로 표시된 '대위법'이 뭔지를 알고 싶어 클릭하게 됩니다. 거기에서 또 하이퍼링크의 '푸가'를 클릭해 대위법과 푸가의 관계가 어떻게 되는지를 살피게 됩니다. 특별히 급한 일이 없으면, 이렇게 좌충우돌하는 식으로 인터넷 서핑을 하게 되는데, 거기에서 시작과 끝을 말할 수 없습니다. 우리의 인생 전체도 마찬가지겠지요.

처음에 들어간 사이트의 내용을 구성하는 여러 개의 하이퍼링크 단어들은 다른 사이트들과 연결 접속된 통로 역할을 합니다. 마치 뇌의 뉴런들을 연결하는 시냅스와 같은 역할을 합니다. 하나의 통로를 타고 들어가면 여러 다른 통로들이 마련된 영역에 접어들게 되고, 그 영역의 어느 통로를 타고 들어가면 역시 여러 다른 통로들이 마련된 영역에 접어들게 됩니다. 이러한 사태는 무한정 계속됩니다. 이러한 인터넷 공간은 당연히 시작과 끝이 없고 굳이 말하자면 중간밖에 없습니다. 이를 그들이 "하나의 리좀은 시작하지도 않고 끝나지도 않는다. 리좀은 언제나 중간에, 사물들 사이에 있고, 사이-존재inter-être이고, **간주곡이다**"라고 말하니까, 들뢰즈와 가타리가 취하는 엘리트 학자로서의 품새가 정말 그럴듯하게 확 드러납니다.

시작하지도 끝나지도 않는 하나의 리좀 속에 여러 다른 고원들이 들어 있습니다. 그래서 개개의 고원은 리좀의 시작 지점이나 끝 지점에 있을 수 없고, 오로지 리좀의 중간에 있을 수밖에 없습니다: "**하나의 고원은 항상 중간에 있지 시작이나 끝에 있지 않다.**" 그런데 이제 리좀을 일컬어 **언제나 중간에 있고 사이에 있다**고 말해야 할 것 같습니다. 즉, 고원도 리좀도 '**중간의 현존**'을 띨 뿐입니다. 그리하여 이제, 항상 중간에 있을 수밖에 없는 리좀 속의 중간에 고원들이 있다는 이야기가 됩니다.

2) 사이-존재론

전체적으로 보면, 존재하는 것치고 기계적인 배치 장치인 다양태가 아닌 것이 없습니다. 그리고 하나의 리좀을 구성하는 다양태 하나하나가 곧 고원이니, 존재하는 일체의 것들이 중간 적인 존재인 고원일 수밖에 없는 것으로 귀결됩니다. 여기에서 고원도 리좀도 근본적으로 '사이-존재'인 셈이니, 존재한다고 말할 수 있는 것은 사이-존재, 달리 말하면 틈으로 되어 있으면 서 틈의 선들을 따라 흘러가는 것일 수밖에 없다 하겠습니다.

이에 우리 나름으로 들뢰즈와 가타리의 존재론을 '**사이-존재 론**inter-être théorie'이라 일컬었으면 합니다. 여기에 의문을 가질 수 있습니다. 존재론이라면 존재하는 일체의 것들을 포괄적으 로 조명할 수 있어야 하는데, '중간에 현존하는' 리좀이니 고원 이니 하는 개념들을 통해 기껏해야 책, 더욱이 들뢰즈와 가타 리 그들 자신이 쓴『천 개의 고원』이라는 책에 관한 이야기에 불과한 것 아닌가? 그런데도 '사이-존재론' 운운함으로써 책 이 외 일체의 존재물들에 관한 원리적인 해명인 양 말할 수 있는 가? 하는 의문을 가질 수 있습니다. 그런데 들뢰즈와 가타리는 그들이 고원과 동일시하는 '다양태'에 관해 이렇게 말합니다.

[인용문 12] 그 다양태 속에서 하나의 배치 장치는 기호적인 흐름

들과 물질적인 흐름 그리고 사회적인 흐름들에 동시에 강력하게 작용한다. (이론적이거나 과학적인 연구의 집적물에서 다양태가 만들어지는 파악과는 별개로) (33-4/50)

여기에서 물질, 기호, 사회의 흐름들은 존재하는 일체의 것들을 요약해 망라한 것으로 볼 수 있습니다. 특히, 이 흐름들을 그저 이론적인 차원의 것들과 별개로 본다는 점에서, 즉 이론을 벗어나 그 이론들이 지향해야 할 이론–외적인 실제로 본다는 점에서 더욱 그러합니다. 그래서 우리는 '사이-존재론'이라는 말을 붙여 들뢰즈와 가타리의 존재론을 압축해서 지칭하고자 하는 것입니다.

암튼 결국, 들뢰즈와 가타리는 **"양안兩岸 사이 틈의 선들을 따라 흐르는 흐름으로서의 사이-존재"**가 존재의 근본이라고 말하는 셈입니다. 이는 달리 말해 '차이의 운동'이 곧 존재의 근본이라고 말하는 것이라 할 수 있습니다. 흐름은 근본적으로 운동이고, 틈은 차이를 지시하는 것이기 때문입니다.

갑자기 하이데거Martin Heidegger(1889~1976)가 생각납니다. 하이데거는 '존재Sein'와 '존재자Seiendes'를 구분했고, 존재를 차이라고 달리 말하기도 합니다. 존재자(존재하는 것)를 존재자이게끔 하는 것이 존재인데, 그렇다면 존재하는 것을 존재하게끔 하는 것은 차이인 셈입니다. 하이데거의 존재를 이렇게 해석하게 되면, '차이의 운동'을 바탕으로 한, 우리가 일컫는바, 들뢰즈와 가타리의 '사이-존재론'이 하이데거의 존재론과 통하는 면이 있다고 진단하게 됩니다.

들뢰즈와 가타리는 우리가 말한 '사이-존재론'을 인식의 기초인 지각에도 적용합니다. 이렇게 말합니다.

[인용문 13] "나의 정신에 다가오는 사물들은 그것들의 뿌리를 통해 나에게 주어지지 않고 그것들의 중간을 향해 위치를 잡은 어떤 하나의 지점을 통해 나에게 주어진다. 그러므로 사물을 되잡도록 애써 보라. 그러므로 줄기의 중간에서 자라기 시작할 뿐인 하나의 풀잎을 되잡도록, 그리고 그 풀잎에 끈질기게 달라붙도록 애써 보라"[카프카, *Journal*(『일기』), Grasset, 4]. 이렇게 하는 것이 왜 그리도 어려운가? 이는 이미 지각적인 기호론에 따른 하나의 문제였다. 사물들을 높은 데서 낮은 쪽으로, 또는 그 반대로 지각하거나 왼쪽에서 오른쪽으로, 또는 그 반대로 지각하는 것은 그렇

지 않은데, 중간을 치고 들어가 지각하는 일은 쉽지 않다. 시도해 보라. 그러면 모든 사태가 변한다는 것을 알게 될 것이다. 사물들과 낱말들에서 풀을 보는 일은 쉽지 않다. (니체도 동일한 방식으로 말했다. 아포리즘은 '되새김질'되어야 한다. 하나의 고원은 그곳을 가득 채운 하늘의 구름들인 암소들과 결코 분리될 수 없다고.) (34/49-50)

이 인용문의 첫 대목은, 들뢰즈와 가타리가 각주를 달아 밝히고 있듯이 —책 편집의 편의상 그 각주를 괄호를 이용해 인용문에 넣어 붙였습니다— 그 유명한 『변신』이나 『성城』을 쓴 카프카Franz Kafka(1883~1924)의 일기에서 가져온 것입니다. 카프카의 일기 중 해당 대목이 어느 맥락에서 나오는가를 알고 싶어 인터넷을 뒤졌고, 요행히도 찾았습니다. 살펴보니 인용된 저 일기의 대목에 바로 이어 다음의 말이 있었습니다.

[인용문 14] 어떤 사람들만, 예를 들어, 일본의 곡예사들이 그럴 수 있다. 그들은, 바닥에 놓여 있지 않고, 바닥에 드러누워 다리를 들고 있는 사람의 구두 밑창 위에 세워진 사다리를 타고 올라간

다. 그 사다리는 벽에 기대어 서 있지 않고 그저 허공에 솟구쳐 있다. 나의 사다리가 그와 같은 구두 밑창을 자유롭게 가지고 놀지 않는다는 사실을 말하지 않을 수 없다.

[그림 23] 카프카의 일기

들뢰즈와 가타리의 눈에는 카프카가 쓴 "사물들의 뿌리"와 "줄기의 중간에서 자라는 풀잎"의 전격적인 대비가 확 띄었을 것입니다. 우리가 이른바 그들의 '사이-존재론'을, 당대 또는 후대의 사람들이 '카프카적인 것das Kafkaesque'이라는 용어마저 만들어 쓰게 할 정도로 대문호였던 카프카의 문장에서 비유적으로 확인할 수 있다고 여겼을 것이기 때문입니다. 혹시 어느 날 아침에 들뢰즈가 "어이! 가타리! 여기 한번 봐. 카프카가 이렇게 쓰고 있어. 이거 정말 우리의 생각을 그대로 나타내 주는 것 아니겠어?"라고 말했을지도 모를 일입니다. 카프카는 이어서 허공으로 솟아 있는 사다리를 올라가는 곡예사를 들먹이면서 자신이 글을 제대로 쓸 수 있으려면 자신도 그와 같은 사다리를 마련해야 한다는 '각오'를 피력합니다. 카프카가 말한 "허공의 사다리"를 마련하고자 하는 심정은 "줄기의 중간에서 자라는 풀잎"에 끈질기게 달라붙어 승부를 내고자 하는 심정과 같을 것입니다.

그리고 니체입니다. 【인용문 13】의 마지막에 들뢰즈와 가타리가 괄호에 넣어 인용하고 있는 니체의 이야기는 『도덕의 계보학』[18]에 들어 있습니다. 그 대목을 찾아보았습니다. 원서가 없어 국역본만 보았습니다. 이렇게 번역되어 있습니다.

[인용문 15] 나의 저서가 읽을 수 있게 되기까지에는 어느 정도의 시간이 필요한 것이다. ─ 따라서 이 하나의 일을 위해서 독자들은 거의 소[牛]가 되어야 하며, 그리고 어떤 경우에도 '현대인'이 되어서는 안 된다. 그 하나의 일이란 되새김질하는 것(반추反芻)을 말한다. (국역본, 29)

들뢰즈와 가타리가 인용하고 있는 내용과 크게 다릅니다. 우선 '고원'이란 말이 없습니다. '아포리즘', 즉 '잠언'에 관한 이야기도 없습니다. 들뢰즈와 가타리가 리좀과 고원의 '중간의 현

---

18 *Zur Genealogie der Moral*, 1887; 국역본. 김태현 옮김, 청하, 1997.

존'을 바탕으로 우리가 일컫는 '사이-존재론'을 제시하기 위해 니체의 원문을 그 뜻을 살려 윤색한 것일까요? 아마도 그렇지 싶습니다. 설사 국역본이 번역에서 크게 문제가 있다 할지라도 이렇게 크게 다를 수 없기 때문입니다.

암튼, 풀과 암소 그리고 고원은 충분히 하나의 '기계적인 배치 장치'로 아귀가 잘 맞다 하겠습니다. 유목민들이 소 떼를 몰고 다니면서 그 녀석들이 먹을 풀을 찾아 고원을 휩쓸고 다닙니다. 여기에다 맑은 하늘에 고요하게 떠 있는 하얀 구름을 덧붙일 수 있겠습니다. 여기에서 유목민들이 몰고 다니는 '암소의 되새김질'이 중요해 보입니다.

니체가 구사하는 잠언 방식의 글쓰기는 그 심층의 뜻이 겹겹이 쟁여져 있어 그 뜻을 이해하려면 또 읽고 다시 읽지 않으면 안 됩니다. 다시 읽으면 전에 읽었을 때 미처 느끼지 못했던 뜻이 다가옵니다. 들뢰즈와 가타리는 이러한 니체의 '잠언(아포리즘)'에 그들의 '고원'을 대응시키고 있습니다. 때로는 다섯 줄 내지 열 줄로 된 '고원'을 쓰기도 한다는 그들의 말이 이를 확인케 합니다. 소들이 고원의 들판에서 뜯어먹은 풀들을 여러 번 되새김질해야만 소화해서 영양을 확보할 수 있듯이, 독자인 우리는 니체가 쓴 글과 마찬가지로 들뢰즈와 가타리가 쓴 '고원'의 글을 읽고 또 읽어야 한다는 것이겠습니다.

그래서일까, 아니면 그런데도 일까? 들뢰즈와 가타리는 "다자多者, le multiple에 대해서는 그것을 실제로 만들 하나의 방법이 있어야 한다"라고(33/49) 하면서, 이런 말을 합니다.

[인용문 16] 우리는 우리 나름으로 이를 만들어 낼 줄 몰랐다. 우리는 단지 그 나름 우리에게 고원들로 기능하는 낱말들을 채택했을 뿐이다. **리좀학 = 분열분석 = 지층분석 = 화행론 = 미시정치학.** 이 낱말들은 개념들이다. 그러나 이 개념들은 선線들, 즉 그러한 다양태들(지층들, 분자적 고리 사슬들, 탈주선들 또는 단절선들, 수렴원들 등)의 차원에 부착된 수數 체계들이다. (33/49-50)

"**리좀학 = 분열분석 = 지층분석 = 화행론 = 미시정치학**"의 낱말들 하나하나는 들뢰즈와 가타리가 『천 개의 고원』에서 수행하는 철학적인 작업을 각기 특정하게 지시하겠습니다. 단박에 봐도 알 수 있듯이, 이 작업 중 하나만으로도 분명히 어마어마한 내용을 담을 것입니다. 그런데 그 하나하나가 "고원"들, 말하자면

『천 개의 고원』을 구성하는 '고원들'로 기능한다고 말합니다.

3장 3절의 【인용문 11】(84쪽)에서는 하나의 고원을 다섯 줄 또는 열 줄 정도로 쓰기도 했다고 하면서, 여기에서는 이렇게 큰 내용의 작업 하나하나를 하나의 고원으로 제시합니다. 물론 한 권의 책을 쓸 때, 큰 주제에 관해 우선 몇 줄의 소개를 해 놓고서 나중에 자세하게 풀이하기가 예사이기 때문에, 둘 다 하나의 고원이라 할 수는 있을 것입니다.

4장

존재 생성의 기반:
배치 선들, 바탕면, 기관들 없는 몸

1. 책은 존재의 모델

들뢰즈와 가타리가 쓴 『천 개의 고원』은 판면版面마다 작은 글자를 촘촘하게 식자植字해서 자그마치 640여 쪽에 이릅니다. 다들 아는 바대로, 지금 우리가 살피는 글은 이 중 30쪽 정도를 할당한 「서론: 리좀」입니다. 그런데 이 글의 핵심 주제를 '책'이라 해도 크게 틀린 말은 아닙니다. 그들은 이 글에서 자신들이 『천개의 고원』이란 책을 어떻게 썼는가를 수시로 소개하면서 마치 책 일반을 풀이하듯이 말합니다. 특히, 2장 3절의 【인용문 5】(63쪽)에서 그 생생한 현장을 들여다볼 수 있었습니다.

그동안 살핀바, 그들이 책에 관해 제시한 기술記述을 다음처럼 요약해 볼 수 있을 것 같습니다.

책은 하나의 다양태다, 다양태는 기계적인 배치 장치다, 책은 하나의 리좀이다, 하나의 리좀은 여러 고원으로 되어 있다, 고원은 하나의 다양태다, 책은 다양태들로 된 하나의 큰 다양태다. 그리고 하나의 기계적인 배치 장치에는 분할선, 분절선, 탈주선 등이 리좀 방식으로 얽혀 배치되어 있다.

그런데 들뢰즈와 가타리는 하나의 배치 장치가 기호적인 흐름과 물질적인 흐름 그리고 사회적인 흐름에 동시에 강력하게 작용한다고 말합니다. 물질적인 흐름은 흔히 객관적인 자연의 존재를 일컫고, 기호적인 흐름은 언어나 이미지의 산물을 망라하고, 사회적인 흐름은 국가를 비롯한 각종 사회적인 관습이나 법과 도덕 그리고 그에 관련한 각종 제도나 기구 등을 망라해서 일컫는다고 하겠습니다.

여기에서 들뢰즈와 가타리가 은근히 전제하는 존재론적인

관점을 얼핏 엿보게 됩니다. 그것은 물질적인 흐름이란 말에서 '자연', 사회적인 흐름이란 말에서 자연과 대비되는 '사회', 그리고 기호적인 흐름에서 자연과 사회가 서로 얽혀 빚어내는 '의미' 등을 전반적으로 아우르고자 한다는 것입니다. 그러면서, 자연과 사회와 의미 전체를 열린 방식으로 드러내는 상호 역학적인 연결망으로서의 얼개를 얻고자 한다는 것입니다. 그리하여, 우리는 그 '상호 역학적인 연결망으로서의 얼개'가 좁게는 '하나의 기계적인 배치 장치'가 될 것이고, '하나의 기계적인 배치 장치'가 넓게는 '상호 역학적인 연결망으로서의 얼개'가 되지 않겠는가, 하고 생각하게 됩니다.

그러니까 총괄해서 말하면, 존재하는 일체의 것들 하나하나가 이미 하나의 배치 장치라 할 수 있고, 따라서 그 하나하나가 배치 장치로서 발휘하는 기계적인 역량, 즉 생산/소비/재생산하는 역량이 강력하게 작용하면서, 더 큰 배치 장치인 '상호 역학적인 연결망' 전체에 힘을 미친다고 할 것입니다.

이를 고려할 때, 들뢰즈와 가타리가 책을 하나의 기계적인 배치 장치로 보고 분석하는 것을 역으로 뒤집어 보면, 그들이 존재하는 일체의 것들을 하나의 책으로 본다는 것이고, 따라서 책의 생김과 생김새에 관해 기술하는 것은 암암리에 곧 존재하는 일체의 것들에 관해 환유적으로, 즉 부분을 통해 전체를 기술하는 것이라 할 수 있습니다. 책이 하나의 리좀이라는 언명은 존재하는 일체의 것들에 관해 그 하나하나 리좀이라는 언명을 환유적으로 표현한 것이라 할 수 있다는 이야깁니다.

2. 책-우주와 그 복합 다양의 선들

이 정도로 책에 관한 기술이 갖는 의의를 정돈했다고 보고, 관련한 생각을 확장해 보고자 합니다. 한동안 「서론: 리좀」의 후미後尾를 주로 더듬었습니다. 이제 다시 앞으로 돌아옵니다. 2장 3절에서 들뢰즈와 가타리가 제시한 "**하나의 책에서 기관들 없는 몸은 무엇인가**Quel est le corps sans organes d'un livre?"라는 물음을 실마리로 화가 프랜시스 베이컨의 그림들을 예로 들어 '기관들 없는 몸'을 살폈던 것이 기억날 것입니다. 그런데 이 질문을 하고 난 뒤, 들뢰즈와 가타리는 이렇게 말합니다.

[인용문 17] 그것들[즉, 책의 기관들 없는 몸]에는 여러 가지가 있

다. 고려되고 있는 선들의 본성에 따라, 그 선들의 나름의 농도 또는 밀도에 따라, <u>선들의 선별을 보장하는 하나의</u> "**바탕면**plan de consistence" 위에 그 선들이 수렴하는 가능성에 따라 기관들 없는 몸들이 나뉜다. (10/13, 밑줄과 강조는 인용자)

하나의 책에 여러 "기관들 없는 몸"이 있다고 말합니다. 그리고 그것들이 책을 이루는 여러 선의 본성, 그 농도와 밀도 및 선들이 수렴하는 가능성에 따라 형성되면서 나뉜다고 말합니다. 그리고 이 선들이 "바탕면"을 통해 선별되면서 보장된다고 말합니다. 이 "바탕면"은 들뢰즈와 가타리의 존재론에서 '기관들 없는 몸'에 못지않게 중요합니다. 이에 관해서는 나중에 본격적으로 살피기로 하고 일단 넘어갑니다. 계속해서 책 속의 선들에 관해 생각을 이어 갑시다.

책을 이루는 선들이 눈에 보이는 선들이 아님은 물론입니다. 그 선들이란 굳이 말하면, 글이 이끄는 사유와 감정 또는 정동情動, affect 및 감각-운동의 선들이라 할 수 있을 것입니다. 또는 사건의 선들이라 할 수 있을 것입니다. 만약 이 선들이 하나의 책의 두께나 모서리 또는 책에 써진 글자들이 이루는 상하좌우의 행렬에 따른 것이라면, 그 책은 하나의 종이 덩이를 뭉쳐 놓은 것에 불과할 것입니다.

우리가 이해하는 들뢰즈와 가타리의 말에 따르면, 구체적이건 추상적이건, 미시적이건 거시적이건, 단순하건 복잡하건, 단일하건 복합적인건, 개별적이건 보편적이건 간에 존재하는 것으로 여겨지는 것들에는 대개 분절의 선들, 분할의 선들, 그리고 탈주의 선들이 있습니다. 특히 책이 그러합니다. 책 역시 존재하는 것 중 하나임은 물론입니다. 그런데 책은 존재한다고 할 수 있는 여느 다른 것들과 비교할 수 없을 만큼 그 내용이 무한하다고 할 정도로 워낙 풍부하고 복합적입니다.

우리가 알고 있는 우주와 우주를 구성하는 사물, 힘, 에너지 등에 관한 모든 내용이 책 속에 ―우주 생성론을 담은 철학책들, 천문학과 천체 물리학의 책들― 들어 있습니다. 살아 있는 모든 것에 대한 모든 내용이 책 속에 ―생물학, 진화론, 생명철학 등의 책들― 들어 있습니다. 인류의 탄생과 발달을 보여 주는 흔적에 관한 모든 내용이 책 속에 ―고고학과 인류학 및 지질학 등의 책들― 들어 있습니다. 인간이 무엇인가를 중심으로 인간이 발휘할 수 있는 온갖 능력과 그에 상응하는 결과물들이 책 속에 ―인식론, 철학적 인간학, 각종 심리학, 뇌신경학 등의 책들― 들어 있습니다. 인간들이 모여 행한 온갖 행위와 그 결과에 관한 모든 내용이 책 속에 ―각종 역사와 역사 이론에 관한 책들, 사회학, 정치학, 경제학, 문화학 등의 책들― 들어 있습니다. 그리고 이 책들의 토대가 되는 내용이 책 속에 ―언어학, 논리학 등의 책들― 들어 있습니다. 그 외, 특별히 인간의 기묘한 상상으로써 생각해 낸 내용이 책 속에 ―신화와 종교에 관한 책들, 시, 소설, 희곡, 수필 등의 문학책들, 그리고 수학책들 등― 들어 있습니다. 게다가 이 영역들이 해당 하위의 영역들로 분화함에 따라 생겨나는 온갖 미세한 내용 역시 책 속에 들어 있습니다. 전 세계의 도서관과 개인 장서들 및 책방이나 책 창고에 쌓여 있는 책들의 수가 어마어마하다는 사실을 곁들여 생각하면, 실제로건 상상으로건 그야말로 존재한다고 말할 수 있는 일체의 내용이 책에 들어 있다 할 것입니다. 요컨대 "책은 또 하나의 거대하고 촘촘한 우주다"라는 명제를 제출할 수 있는 것입니다. 여기에다 오늘날 인터넷을 통해 무한 다양으로 재구성되고 확장하는 이른바 '빅 데이터'까지 책으로 여길 수 있을 것인데, 이를 아울러 고려하면 이 명제는 더욱 실감을 얻게 될 것입니다. 그래서 우리는 '책-우주'라는 말을 지어 내어 써 봅니다. 이 책-우주에 얼마나 많은 기기묘묘한 선들이 들어 있고, 그 선들에 따라 리좀의 무한 복합다양의 세계가 펼쳐질 것인가를 상상해 보기 바랍니다. 아울러 그 속에서 한 사람의 지식인이 어느 정도로 그야말로 좁은 영역의 한구석에서 왔다 갔다 할 따름인가를 상상해 보기 바랍니다.

그러니까 들뢰즈와 가타리가 책을 구성하는 선들에 따른 배치 상태를, 책 외에 존재하는 일체의 것들의 선들에 따른 배치 상태의 모델로 삼는 게 분명해 보이는데, 그것은 당연한 처사라 할 것입니다. 실제의 우주 전체와 세계에 현존했던, 그리고 현존하고 또 앞으로 현존할 책들을 망라한 책-우주를 복합다양의 정도에서 비교했을 때, 어느 우주가 더 밀도와 강도가 높은 복합다양의 정도를 지녔을지를 가늠하기 쉽지 않을 것 같습니다.

3. 언표: 실천에 대한 명령

어쨌건, 책은 기본적으로 글말을 통한 것이기에 '**언표**'에 **따**

른 배치 장치입니다.[19] 참고로 덧붙이자면 그 외의 배치 장치들은 크게 나누어 **'존재'에 따른 배치 장치** 또는 **'실천'에 따른 배치 장치**라 할 것입니다. 그러니까 언표 장치로서의 책은 탈주선들을 통해, 직접으로는 실천에 따른 배치 장치들에, 간접으로는 존재에 따른 배치 장치들에 연결된다고 하겠습니다. 특히 실천에 관련해서 볼 때, 책은 특히 각 종교의 경전으로 알려진 책들이나, 혼란스러운 상황에서 혁명에 참여하기를 독려하는 책들, 그리고 여러 윤리학이나 정치학 및 하다못해 경영 비법 같은 내용을 담은 책들이 얼마나 어떻게 개개인의 실천적 삶에 크게 영향을 미치겠습니까? 역사 전체를 통틀어서, 그러한 책의 위력은 아마도 가늠하기 힘들 정도로 강렬했다 할 것입니다.

이렇게 실천에 따른 배치 장치와 관련해서 언표에 따른 배치 장치인 책을 생각해 봅니다. 둘 사이를 연결하는 탈주선들은 아마도 **명령의 흐름**을 만들어 낼 것입니다. 책의 총체는 마치 존

---

19 글말 외에 책에는 그림과 사진뿐만 아니라, 인터넷을 통해 빅 데이터와 연결할 경우 동영상을 비롯한 다양한 형태의 자료가 들어 있음을 고려할 수 있습니다. 이를 망라하게 되면 배치 장치로서의 책의 배치 방식은 더욱 무한 다양하다 하겠습니다.

재하는 일체의 것들을 쓸어 담으면서 동시에 일체의 것들을 운동하게 만드는 일종의 **명령의 기계 장치**인 것 같기 때문입니다. 법전이 국가라는 배치 장치와 국가를 이루는 하위의 배치 장치들에 어떻게 명령 체계로 작동하는가를 보면 이를 알 수 있습니다. 심혈을 기울여 법전을 뒤지는 판사들과 법원의 모습을 생각합시다. 인간의 삶에 언어로 된 각종 계약서 ―결혼/이혼, 채권/채무, 사업, 국제외교 등에 관한 것들― 가 관습적으로나 법적으로 얼마나 어떻게 힘을 발휘하여 명령을 내리고 의무와 책임을 부과하는가를 생각합시다.

그렇다면, 들뢰즈와 가타리의 『천 개의 고원』이란 책은 무엇을 쓸어 담으면서 어떤 배치 장치들에 무슨 명령을 내리는 걸까요? 이에 관해서는 수많은 지식인과 지식 세계가 『천 개의 고원』을 뒤지는 모습을 생각하면서, 그들이 왜 그렇게 열성을 보이는가를 상상하면 어느 정도 해답을 얻을 수 있지 싶습니다. 이 책이 그중 겨우 5% 정도밖에 되지 않는 분량의 「서론: 리좀」의 글 하나만으로도 지금 우리가 행하는 강해의 방향과 내용을 근본적으로 결정하는 명령을 내립니다. 그리하여 강해에 참여하느라 정해진 요일, 정해진 시간에 맞추어 행위의 일정을 조절하지 않으면 안 됩니다. 이렇게 책은 우리에게 명령을 내립니다.

4. 대상의 배치 장치와 지평의 배치 장치

'어떤 것'이 대상[또는 객체(objet, object)]으로서 갖춘 배치 상태는 그것을 형성하면서 가로지르는 여러 형태와 성질의 선들에 의해 이뤄집니다. 기본적으로는, 나누면서 잇는 분절 내지는 분할의 선들로 이뤄집니다. 사유와 감정에 앞서, 지각적인 감각을 중심으로 해서 보면, 여기 앞의 벽에 걸린 칠판은 가로의 선들과 세로의 선들을 통해 벽과 분할됩니다. 이 칠판은 벽과 분할됨으로써 벽과 더불어 분절됩니다. 그리하여 분할을 이룬 선들은 곧 분절의 선들이 되고, 분절의 선들은 칠판에서 벽으로, 벽에서 칠판으로 오가는 탈주의 선들을 포함하게 됩니다. 특히 탈주의 선들은 흔히 이것(여기에서의 칠판)과 저것(여기에서의 벽)이 서로에게 오가도록, 자신을 벗어나 다른 것에 넘어가도록 합니다. 그리하여 한 대상의 탈주선들은 어느 하나가 다른 것들이 없이 단독으로 현존할 수 없다는 것을 일러 줍니다.

후설 현상학의 개념을 원용해서 말하면 탈주의 선들을, 하나의 대상對象, Gegenstand이 주변의 다른 대상들을 지평地平, Horizont으로 해서만 현존한다는 것과 관련해서 이해할 수 있습니다. 존재하는 대상치고 주변에 다른 대상들이 없는 것은 없습니다. 즉, 하나의 대상은 항상 주변의 다른 대상들을 지평으로 해서 현존합니다. **하나의 대상은 그 나름 하나의 배치 장치로서**, 지평을 이루는 다른 대상들 하나하나와는 다른 배치 상태를 이룹니다. 그런가 하면, 지평은 하나의 대상을 둘러싼 **주변의 다른 대상들이 어떻게 배치**되어 있느냐에 따라, 그 배치 장치가 달리 성립합니다. 이에 우리는 대상의 배치 상태와 지평의 배치 상태가 한데 결합한 **하나의 전체인 배치 상태**를 떠올릴 수 있습니다. 선들의 농담濃淡(진하고 옅음)과 배치 상태만으로 전체 지평에서 하나의 대상이 떠오르는 아래의 그림을 참고하여 생각해 보았으면 합니다.

그런데 하나의 대상이 갖는 명시적인 또는 현행적現行的, actual인 의미는 지평의 암시적인 또는 잠정적暫定的, virtual인 의미와 여러모로 관계를 맺음으로써만 성립합니다. 이를 들뢰즈와 가타리가 말하는 배치 장치 내지는 배치 상태와 관련해서 말하

[그림 24] Egor Ostrov, 〈복녀 루도비카(베르니니의 조각에 이어서)〉(2014)

면, 하나의 대상을 이루는 배치 상태는 저 나름의 탈주선들을 통해 주변의 지평이 이루는 배치 상태와 접속·연결되어야만 바로 그 배치 상태로 성립한다고 할 것입니다.[20]

　일반적으로 보아, 지평의 배치 상태는 비유컨대 좌표계와 같습니다. 하나의 대상은 어떤 종류의 좌표계에서 나타나는가에 따라, 그리고 특정한 하나의 좌표계에서 어느 지점에서 어떤 운동을 하는가에 따라 다른 값을 지닙니다. 하나의 책, 예컨대 『천 개의 고원』이란 제목이 붙은 하나의 책이, ① 여러 다른 책과 함께 책방의 서가에 꽂혀 있을 때는 상품의 좌표계에 현존하는 것이고, 그래서 일차적으로 상품입니다. ② 책방의 서가에서 손님, 예컨대 조광제가 그 『천 개의 고원』을 꺼내어 손에 들고서 책장을 들추게 되면, 그 책은 이제 조광제의 지적 세계의 좌표계로 옮겨집니다. 그리하여 '독서'—편의상 읽을거리

20　다만, 후설의 현상학과 들뢰즈와 가타리의 '사이-존재론'—우리는 제3장 4절에서 들뢰즈와 가타리가 '사이-존재(inter-être)'를 강조한다는 점에 착안하여 그들의 존재론을 일단 '사이-존재론'이라 칭했다— 을 비교했을 때, 후설 현상학에서 말하는 '의미(Sinn)'는 들뢰즈와 가타리가 말하는 '배치 상태(agencement)'에 비해 좀 더 구체적인 모습을 띤다고 할 수 있습니다.

로서의 책을 '독서讀書'라고 합시다― 가 됩니다. ①+② 책방에서 책을 꺼내 들어 읽을 때, 일단 그 책은 적어도 상품으로서의 책과 독서로서의 책, 두 가지 기능을 합니다. 지평으로 보자면, 책방과 손님의 지적 세계가 두 지평(좌표계)으로 작동하고 서로 연결되면서 결합합니다. 그러면서 그와 동시에 두 좌표계(지평)는 분리됩니다. **지평들(좌표계들) 사이에 분리와 결합의 동시성**이 작동합니다. 이러한 동시성을 가능케 하는 데서 탈주의 선들이 작동합니다. 살까 말까 주춤하다가 사기로 하면 상품에서부터 '독서'로 탈주하는 선의 농도와 밀도 및 강도가 높아집니다. 사지 않기로 하고 다시 책을 책방의 서가에 꽂아두게 되면 '독서'에서부터 상품으로 탈주하는 선의 농도와 밀도 및 강도가 높아집니다.

우리의 삶을 구성하는 지평(좌표계)들은 얼마나 무수하며 그 결합과 분리는 또 얼마나 복잡한가요! 그렇다면 우리의 삶이 구성되는 데 작동하는 그 존재의 바탕은 오죽할까요! 그리하여 각종의 좌표계(지평)는 이중 삼중으로, 엄격하게 말하면 무한 겹겹으로 겹치면서 동시에 분리되는 전반적인 배치 상태를 이룹니다.

그리고 그 전반적인 배치 상태는 역동적이고, 그 역동성은 가지런한 구석을 아예 찾을 수 없을 정도로, 대목마다 그 농도와 밀도 및 강도가 다릅니다. 1960년 마산에서 3·15 부정선거를 규탄하는 대대적인 데모가 벌어졌습니다. 그날 저녁, "안 돼! 제발! 나가지 마라!" 하고서 외치는 어머니의 애원을 뒤로하고 목숨을 건 투쟁을 위해 굳이 문을 박차고 나가는 고등학생 아들이 있었습니다.[21] 그 절체절명의 순간, 아들의 삶과 어머니의 삶을 가로지르면서 암암리에 명령을 내리는 선들이 있었을 것입니다. 어머니의 삶에는 생명과 사랑의 선들이 있었을 것이고, 아들의 삶에는 자유와 민주정치의 선들이 있었을 것입

---

21 이 어머니는 이 책을 쓰는 조광제의 어머니였고, 그 아들은 조광제의 큰형이 었습니다. 그때, 다섯 살배기 어린 조광제는 형이 나간 뒤 대문 밖으로 잠시 나가 봤습니다. 하늘이 붉게 물들어 있었고, 집 바로 뒤 높은 철교에서 하늘을 향해 총을 겨눈 두 사람이 있었습니다. 그때는 총을 쏘아서 하늘이 붉은 줄 알았는데, 나중에 철이 들어 생각해 보니 집에서 약 200미터 남짓 떨어진 북마산 파출소가 시위대의 공격에 불에 타 그 불길이 하늘에 비쳐서 그랬던 것이었습니다. 그로부터 19년의 세월이 흐른 뒤, 다섯 살배기였던 조광제는 박정희 독재정권을 규탄하는 부마항쟁에서 이틀간 밥 한 끼 먹고 죽어라 하고 싸웠습니다. 감회에 젖어 써 보게 됩니다.

니다. 그 선들은 각기 농도와 밀도 및 강도가 달랐을 것입니다. 그런 가운데, 하나 또는 여러 대상이 끊임없이 서로 힘을 주고받으면서 부침浮沈(솟아오르고 가라앉음)의 운동을 했을 것입니다.

5. 추상적 개념槪念과 실질적 면面

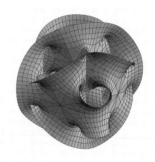

[그림 25] 칼라비-야우 다양체

다음 리만 기하학에 의한 도형들에서 어떤 지점들이 눈길을 사로잡았다가 놓아 버리는가를 직접 사유 실험을 통해 생각해 봅시다. 무엇보다도 오른쪽 선들로 된 도형에 선들을 무한히, 섬세하게, 빼곡하게 그어 넣으면 왼쪽 도형과 같이 된다는 점

을 생각합시다. 배치의 선들! 이 기묘한 도형들보다 훨씬 더 복
잡미묘한 선들을 지닌 책은 허다합니다. 예컨대 제임스 조이스
James Joyce(1882~1941)는 하룻밤에 일어나는 일을 『피네간의 경
야』[22]라는 소설에 담았는데, 그 책의 부피가 어마어마한 데다
동원된 언어의 종류만 해도 60여 개가 된다고 합니다. 그러니
이 책의 한 페이지만으로도 그 복잡미묘함이 얼마나 심할지 상
상할 수 있고, 그 복잡미묘함은 이 도형의 복잡미묘함을 당연
히 능가한다고 할 것입니다. 우리가 읽고 있는「서론: 리좀」이
그러한 것은 물론입니다.

근본적으로 모든 다름은 질의 다름입니다. 그리고 그 질을
추상해서 보면, 모든 다름은 원칙상 농도와 밀도 및 강도의 다
름입니다. 따라서, '…이 아니다'라는 본질적인 규정規定에서의
다름은 논리적인 추상적 사유의 편의에 따른 임의의 표피적인
다름이라 할 것입니다.

농도와 밀도 및 강도를, 예를 들어 죽음이라는 사건을 통해
생각해 봅시다. 전쟁에서 폭탄이 터져 벌어진 병사들의 죽음,

22　*Finnegans Wake*, 1939; 국역본. 김종건 옮김, 어문학사, 2018.

부실한 건물이 무너져 일어난 거주자들의 죽음, 전철 플랫폼에서 사이코패스의 칼끝에서 벌어지는 일면식도 없는 사람의 무작위적인 죽음, 동지의 이름을 결단코 누설하지 않아 고문 끝에 벌어지는 독립투사의 죽음, 또는 삶의 무위에 지친 끝에 벌어지는 자살자의 죽음, 악성 질병을 이기지 못하고 어머니가 보는 앞에서 벌어지는 아들의 죽음, 그 외 온갖 방식으로 벌어지는 죽음들을 생각할 수 있습니다.

우리는 이 죽음-사건들을 모두 '죽음'이라는 추상적인 개념으로 규정할 수 있습니다. '죽음' 개념으로만 보면 이 죽음-사건들은 아무런 차이가 없을 것입니다. 하지만, 실제로 여러 방식의 죽음의 사건들은 저마다 벌어지는 원인과 이유 및 방향이 다르고, 그에 따라 농도와 밀도 및 강도가 크게 다르다 할 것입니다.

여기에서 우리는 죽음-사건들과 판면이 다른 사건들, 예를 들어 연애-사건들을 떠올릴 수 있습니다. 온갖 연애-사건들이 있고, 그 농도와 밀도 및 강도가 다른 것은 물론입니다. 암튼, 이에 우리 나름으로 이 죽음-사건들이 '**죽음의 면**plan de mort/ plane of death'을 바탕으로 벌어진다고 말할 수 있고, **연애-사건들**

은 '**연애의 면**plan d'amour, plane of loving'을 바탕으로 벌어진다고 말할 수 있습니다.

이 '죽음의 면'은 구체적인 실질의 힘을 발휘하는 것으로서, 추상적인 '**죽음의 개념**notion de mort/concept of death'과 아예 다릅니다. '죽음의 개념'은 그야말로 사유의 판면에서 작동하는 것입니다. 하지만, 실제로 여러 방식의 죽음–사건들이 일어나는 곳은 현실의 판면입니다. 현실의 판면에서 죽음–사건들과 관련하여 바탕으로 작동하는 것이 '죽음의 면'이라 하겠습니다. 현실의 판면에서 연애–사건들과 관련하여 바탕으로 '연애의 면'이 작동함은 물론입니다. 현실의 판면은 추상적abstract 개념과 대비해서 실질적material이라 할 수 있겠습니다.

암튼, '죽음의 면'은 여러 방식의 죽음–사건들이 벌어질 수 있는 실질적인 바탕입니다. 말하자면, '죽음의 면'은 그 위에서 죽음–사건들이 생겨날 수 있는 소질들을 지니고 있다고 할 수 있습니다. 그러니까 '죽음의 면'에는 갖가지 농도와 밀도 및 강도를 지닌 갖가지 죽음–사건들이 그렇게 다르게 생겨날 수 있는 잠정적인 힘들이 이미 늘 작동하고 있다고 할 수 있습니다. 이와 달리, 추상적인 사유의 장에서 작동하는 '죽음의 개념'은 그야말로 빈곤하고 왜소하기 짝이 없습니다.

6. 바탕면과 기관들 없는 몸들

농도tenuer와 밀도densité 및 강도intensité는 기관들 없는 몸corps sans organes을 특징짓습니다. 내 삶의 기관들 없는 몸은 어떠한 가? 내 가족의 기관들 없는 몸은? 우리 민족의 기관들 없는 몸은? 국가의 기관들 없는 몸은? 인류라는 이름의 전반적인 인간 삶의 기관들 없는 몸은? 심지어 어느 날 기록한 내 일기의 기관들 없는 몸은? 들뢰즈와 가타리가 쓴 『천 개의 고원』의 기관들 없는 몸은? 또는 그 속의 「서론: 리좀」의 기관들 없는 몸은? 지금 행해지는 우리 강의의 기관들 없는 몸은? 이 각각의 기관들 없는 몸은 서로 비교할 수 없는 농도와 밀도 및 강도를 지니고서 작동할 것입니다.

이 **각각의 '기관들 없는 몸'은 여러 갈래로 나뉘어 분출하는 모습으로 출현**합니다. 그래서 들뢰즈와 가타리는 그렇게 기관들 없는 몸들이 갈래지어 나오는 바탕을 생각하고서는 그 바탕을 "**바탕면**plan de consistence"이라고 지칭합니다.[23] 또 하나의 어려운 개념이 등장하는 셈입니다.

들뢰즈와 가타리는 현존하는 각각의 것들을 하나의 기계적

---

23 이 용어는 역자에 따라 각기 나름으로 번역됩니다. 김재인 선생은 "고른판"
이라 번역하고, 이정우 선생은 "혼효면"이라 번역합니다. 그리고 여기저기
에서 "일관성의 평면"이라 번역하기도 합니다. 나로서는 "바탕면"이라 번역
하고 싶습니다. 아리스토텔레스는 하나의 현실적인 개체에서 질료와 형상
을 구분해 낼 수 있다고 했습니다. 플라톤은 카오스의 운동에 따라 흙, 물,
공기, 불이라는 근원적인 4원소, 즉 근원적인 질료들이 분화되어 생겨난다
고 했습니다. 분화되어 나온다고 할 때, 분화되어 나오는 것들의 다름(차이)
은 기본적으로 형상적입니다. 그러니까 플라톤에 따르면, 카오스는 이미 형
상적인 계기들을 품고 있을 뿐만 아니라, 자신의 운동을 통해 형상들을 낳는
(생산하는) 중입니다. 마치 엄마의 자궁에서 태아가 무럭무럭 자라고 있는 것
처럼, 들뢰즈와 가타리가 말하는 배치 상태는 형상이 드러나는 중의 상태입
니다. 플라톤에 비견해 말하면, 배치 상태는 카오스의 운동 상태입니다. 비
유하자면, 태아를 품은 자궁의 운동 상태입니다. 카오스의 운동에 따라 곧
원시의 형상들이 태어날 것입니다. 현존하는 것들은 항상 형상적이면서 질
료적입니다. 아리스토텔레스가 말한 질료는 현실화를 향한 가능태의 운동
을 실행합니다. 현존하는 일체의 것들은 카오스적인 바탕이 작동하는 가운
데 각종의 농도와 강도로 된 선들 ―선은 형상을 예비합니다― 로 된 배치
상태들을 점점 더 복잡하면서도 섬세하게 일구어 내는 중입니다. 들뢰즈와
가타리는 배치 장치들이, 그 속에서 또는 그 위에서 일구어져 생산되는 카오
스적인 바탕을 염두에 두고서 이를 "plan de consistence"라 일컫는 것으로 짐
작됩니다. 그래서 나는 이를 "바탕면"이라 번역하고 싶어지는 것입니다. 이
바탕은 인식의 판면이 아니고 존재의 판면에서 작동하는 바탕입니다.

인 배치 장치로 본다고 했습니다. 그리고 하나의 기계적인 배치 장치는 '다양태'라 했습니다. 따라서 하나의 기계적인 배치 장치에 해당하는 하나의 책 역시 다양태였습니다. 그리고 첫 장章에서 살핀바 들뢰즈와 가타리의 말에 따르면, 이 다양태인 기계적인 배치 장치는 '지층strate'들로 나아가 지층들에 의해 유기체로서의 다양태로 형성될 수도 있고, '기관들 없는 몸'으로 향함으로써 순수한 강렬함(강도)의 다양태로 변환될 수도 있습니다. 그래서 '지층'과 '기관들 없는 몸'이 크게 대립하듯 나뉜다고 했습니다.

그런데 들뢰즈와 가타리는, "지층은 전통적으로 대략 세 가지로, 즉 물리-화학의 지층, 유기체의 지층, 인간 형태의[또는 동종이형적(同種異形的, alloplastique)인] 지층으로 나뉜다"라고(627/957) 말합니다. 그러니까 하나의 기계적인 배치 장치가 지층들로 향할 때, 그 지층들은 하나의 기계적인 배치 장치를 유기체들로만 변형하는 것이 아니라, 유기체적이거나 물리-화학적 형태 또는 는 인간의 형태로 코드화된 통일적인 조직들로 변형됩니다.

하지만 이러한 지층과 크게 대립하면서 그 지층과 구분되는 '기관들 없는 몸'은 애당초 통일적인 조직이 아니거니와 오로지 강렬함으로 넘쳐나면서 분류奔流(세차게 흐름)할 뿐입니다. 그런데 이러한 기관들 없는 몸들이 여러모로 나뉘는 장소가 바로 '바탕면'입니다. 아마도 그럴 것 같은데, 기관들 없는 몸과 크게 대립하는 지층들 역시 과연 이 '바탕면'을 장소로 삼아 성립하는가에 관해서는 나로서는 아직 파악하지 못하고 있습니다.

이 대목에서 플라톤의 『티마이오스』[24]까지 거슬러 올라가는 우주 존재론이 머리에서 떠오르면서 비교하고 싶어집니다. 플라톤은 태초에 네 가지 원천, ① 존재(형상), ② 게네시스(카오스 내지는 생성으로서 우주의 재료), ③ 코라(게네시스가 존재하는 장소), ④ 데미우르고스(우주 제작자)가 있다고 말합니다. 여기에서 가장 흥미로운 것은 '코라chora'입니다. 코라는 온 우주의 재료인 게네시스genēsis가 존재하는 장소로서 끊임없이 무작위적으로 운동합니다. 그에 따라 게네시스 역시 무작위적으로 운동합니다. 그런데 우주 제작자인 데미우르고스Demiourgos가 게네시스 또는 코라에게 존재ousia, 즉 이데아적인 형상eidos에 따라 질서 정연하게 운동할 것을 권유하여 설득에 성공합니다. 그러자 혼

24　국역본. 박종현·김영균 역주, 서광사, 2000.

란 상태로 미분화되어 있던 게네시스에서 흙, 물, 공기, 불의 미립자들이 분류되어 생성되어 나옵니다. 이 미립자들이 결합하는 방식에 따라 우리가 눈으로 보고 만지는 실제의 흙과 물 그리고 공기와 불이라는 다양한 물질이 되기도 하고, 우리가 동식물이나 인간에게 있다고 말하는 영혼이 되기도 합니다. 플라톤은 별에도 영혼이 있다고 말합니다. 이에 플라톤의 존재론이 이데아들을 참된 존재라고 한 데서는 일종의 관념적 실재론이라 하겠지만, 여기에서 말하듯이 영혼이 물질적인 미립자들의 조합에 의해 형성된다는 점에서는 유물론으로 일컬을 수도 있습니다. 암튼, 여기에서 영혼은 생명을 일구어 내는 바탕입니다.

플라톤이 말한바 흙, 물, 공기, 불의 미립자들이 분리되어 만들어진 뒤 결합함으로써 물질과 유기체적인 생명(영혼)과 인간적인 생명(영혼)을 만들어 낸다는 것을 들뢰즈와 가타리의 '존재 생성론'에 비추어 보면 그것은 통일적인 조직들을 일구어 내는 '지층화'의 과정에 상응하는 것 같습니다. 그리고 플라톤이 말하는 카오스적인 생성의 대대적인 운동은 들뢰즈와 가타리가 말하는 '기관들 없는 몸'의 운동에 상응하는 것 같습니다. 또 플라톤이 말하는 카오스적인 생성이 운동하는 장소인 코라는 들뢰즈와 가타리가 말하는 '바탕면'에 상응하는 것 같습니다.

하지만 플라톤의 우주 생성론과 들뢰즈와 가타리의 존재론이 딱딱 맞아 들어갈 리는 만무합니다. 그것은 들뢰즈와 가타리가 플라톤이 생각한 존재, 즉 이데아적인 형상을 존재의 근본으로 아예 인정하지 않기 때문입니다: "우선 플라톤의 이데아 같은 초월적이고 보편적이고 영원한 추상적인 기계 또는 기계들은 없다"(636/971). 그러니, 플라톤의 우주 생성론을 들뢰즈와 가타리의 존재 생성론과 비교한 나의 논의는 그저 나의 일방적인 논의에 불과하다고 치부할 수도 있습니다. 하지만【인용문 17】에서 "선들의 선별을 보장하는 하나의 바탕면plan de consistence"이라고 한 대목을 무시할 수는 없는 노릇입니다. 이는 나중에 크게 문제가 될 것 같습니다.

암튼, **기관들 없는 몸들이 '바탕면'에서 분출**分出(나뉘어 나타남)**된다**고 했습니다. 그리고 **바탕면은 '선들의 선별을 보장하는'** 바탕이라고 했습니다. 여기에서 우리는 들뢰즈와 가타리가 일체의 존재를 논하면서 선들을 그 기초로 제시한다는 것을 알 수 있습니다. 이 선들은 도대체 언제 어떻게 무엇에서 또는 무엇을 매개로 생겨나는 걸까요? 「서론: 리좀」에서는 이에 대한 답을 찾을 수 없습니다. 그저 그런 선들이 있다고 전제하는 것 같습니다.

그래서 다른 대목을 찾아봅니다. 『천 개의 고원』 본문 중 「6. 1947년 11월 28일 — 기관들 없는 몸은 어떻게 만들어지는가?」 라는 글의 한 대목을 봅시다.

[인용문 18] 각각의 CsO를 제작하기 위해서는 배치 장치들이 있어야 하지 않을까? 바탕면을 구성하기 위해서는 하나의 거대한 추상 기계가 있어야 하지 않을까? (195-6/303)

"하나의 거대한 추상 기계"는 "기계적인 배치 장치"라는 말에서 알 수 있듯이 '하나의 거대한 배치 장치'로 보면 될 것입니다. 그런데 반복해서 말했듯이, "기계적인 배치 장치"는 기본적으로 여러 벡터적인 선들로 이루어집니다. 그러니까 이 물음은 "기관들 없는 몸CsO"과 "바탕면" 그리고 "선들" 내지는 "기계적인 배치 장치"가 존재론적인 우선순위에서 거의 동등한 지위를 차지하고 있음을 말해 줍니다. 그만큼 이 셋이 들뢰즈와 가타리의 존재론에서 워낙 근본적입니다.

어쨌건 먼저 선들이 농도와 밀도 및 강도에 따라 선별되어 나타나지 않으면 선들로 이루어진 기계적인 배치 장치(또는 기계적인 배치 상태)가 형성될 수 없습니다. 그렇다면 선들의 선별을 보장하는 바탕면이 없이는 기계적인 배치 장치가 형성될 수 없는 셈입니다. 그런데 마치 기계적인 배치 장치가 형성되면서 동시에 기관들 없는 몸들이 분출된다고 말하는 것 같습니다. 그리고 지층들도 아울러 구성된다고 말하는 것 같습니다. 그렇지 않고서는 2장 3절의 【인용문 3】(55-56쪽)에서 말하듯이, 기계적인 배치 장치가 지층들을 향하거나 기관들 없는 몸들을 향한다는 말을 할 수 없을 것이기 때문입니다.

바탕면과 선들이 지층들과 기관들 없는 몸들 그리고 기계적인 배치 장치들에 앞서는 것은 분명해 보입니다. 하지만 들뢰즈와 가타리는 무조건 그렇게 보는 것만은 아닌 모양입니다. 다음과 같이 말하기 때문입니다.

[인용문 19] 바탕면le plan de consistence이 기관들 없는 몸들les corps sans organes을 구성하는가constitue, 아니면 기관들 없는 몸들이 바탕면을 조성하는가composent? 기관들 없는 **몸**le Corps sans organes

과 [바탕]면le Plan은 동일한가? 어쨌든 조성하는 것과 조성되는 것은 동일한 역량을 갖는다. (633/966)

묘하게 말합니다. 우선 "기관들 없는 몸"을 복수로 쓸 때는 소문자로 시작하고, 대표 단수로 쓸 때는 대문자로 시작합니다. 그리고 '바탕면'을 '바탕면'이라고 했다가 대문자로 시작해서 그냥 '면'이라고 합니다. 뭔가 이유가 있겠지요. 나로서는 잘 모르겠습니다.

암튼, 들뢰즈와 가타리도 '기관들 없는 몸'과 '바탕면'의 존재론적인 선차성先次性을 놓고서 고민이 많았지만 좀처럼 결정하기 어려웠던 것 같습니다. 본래 존재의 원천에 너무 깊이 다가가면, 우리의 분별하는 지성과 통일하는 이성이 쉽게 힘을 발휘하지 못합니다.

그 때문이라고 할 수는 없지만, 그들은 조성하는 것과 조성되는 것이 "동일한 역량même puissance"을 갖는다고 말합니다. 근대철학의 기초로 볼 때, 이는 대단히 중요합니다. 근대철학은 특히 칸트Immanuel Kant(1724~1804)의 이른바 구성주의constructivism에서 그 분수령을 이룹니다. 구성주의는 기본적으로 인간의 인식

능력이 인식 대상들의 존재와 현존을 구성한다고 주장합니다. 칸트의 경우, '초월론적 통각transzendentale Apperzeption'이 감성, 상상력, 지성, 이성 등 인간의 인식 능력들을 통괄하여 활용함으로써 자연 대상들의 존재와 현존이 구성된다는 이론을 펼쳐 서구 근대철학에서 엄청난 영향력을 미쳤습니다. 이렇게 되면, 구성하는 자인 인간이 구성되는 자연 대상보다 그 역량이 훨씬 강합니다.

그러니까 들뢰즈와 가타리가 조성(즉, 구성)하는 것과 조성(즉, 구성)되는 것이 동일한 역량을 갖는다고 말하는 것은 근대철학의 기초를 아예 뒤집는 것입니다. 그렇다고 해서, 들뢰즈와 가타리가 탈근대주의post-modernism를 옹호하는 것은 아닙니다. 들뢰즈와 가타리는 '기관들 없는 몸'이나 '바탕면' 그리고 '기계적인 배치 장치' 등의 개념을 통해 제시되는 존재론적인 지향을 유지하는 데 반해, 탈근대주의는 데리다나 리오타르 또는 보드리야르 등의 철학자들이 존재론적인 근거를 아예 제거함으로써 '공중에 붕 뜬' 뒤죽박죽의 세계에 머물고 말기 때문입니다.

암튼 참 복잡합니다. 이런 말을 하는 우리의 사유는 지금 존재가 생성되는 근원의 지대에 들어서 있습니다. 그러니 복잡하지 않을 수 없고, 다른 한편으로 우리는 들뢰즈와 가타리의 존재론 때문에 우리의 사유를 착취당하면서 시달리고 있는 셈입니다.

7. 바탕면과 배치의 선들

그렇다면 바탕면과 선들의 관계는 또 어떻게 되는 것일까요? 선은 기본적으로 분할의 기능을 수행합니다. 그렇다면 선은 과연 맨 먼저 무엇을 분할하는 걸까요? 바탕면을 분할한다고 해야 할 것 같습니다. 그렇다면 바탕면은 맨 처음, 즉 그것에 선들이 작동하기 전에 그 어떤 홈도 패이지 않은 '매끈한 공간'이어야 할 것입니다. 알기 쉽게 말하면, 아무 선도 그어지지(새겨지지) 않은 흰 백지와 같아야 합니다. 그렇다면, 이 매끈한 공간을 분할하는 선은 힘입니다. 즉, 벡터적인 성격을 지닌 선입니다.

그런데 만약, 이 벡터적인 선들이 바탕면과 별개로 존재하다가 바탕면 위에 농도와 밀도 및 강도에 따라 다양하게 자신의 흔적을 남기면서 강렬한 힘으로 내닫는다면, 선들은 바탕면과 따로 어딘가에 있다가 바탕면에 작용을 가하는 것들이어야 합니다. 말하자면, 선들은 바탕면에 대해 초월적이라 해야 합니다. 비교하자면, 플라톤의 우주 생성론에서 존재(형상)가 코라와 게네시스에 대해 초월해 있다가 데미우르고스의 작업에 의해 코라와 게네시스에 작용하는 것과 같다 할 것입니다.

그런데 들뢰즈와 가타리는 초월성, 특히 절대적인 초월성을 인정하지 않습니다. 그렇다면 어찌 되나요? 이러한 다양한 선의 운동은 바탕면 내부에서 이미 준비되어 일어나야 합니다. 그래서일까요? '바탕면plan de consistence'은 이른바 '내재면plan d'immanence'과 거의 등등하게 다음과 같이 언급됩니다.

[인용문 20] 내재성의 장場 또는 바탕면은 구성되어야 한다. 그리고 이 구성은 실로 다양한 사회 구성체들에서 아주 다양한 배치 장치들, 도착적, 예술적, 과학적, 신비적, 정치적인 배치 장치들을 통해 이루어질 수 있는데, 이 배치 장치들은 동일한 유형의 기관들 없는 몸을 갖지 않는다. (195/302)

여기에서 "내재성의 장內在性의 場, le champ d'immanence"은 "내재성의 면內在性의 面, plan d'immanence"을 달리 표현한 것입니다. 굳이 일

컨자면, 들뢰즈와 가타리의 존재론은 근본적으로 현실을 넘어서 있는 초월의 존재를 인정하지 않기 때문에, 일종의 자연주의라 할 수 있습니다.

그런데 "내재성의 장 또는 바탕면은 구성되어야 한다"라고 하면서, "그 구성은 […] 다양한 배치 장치들을 통해 이루어질 수 있다"라고 말하는 대목이 이해하기에 어렵습니다. 일단 플라톤의 우주 생성론까지 끌어들여, 바탕면이 마치 게네시스와 결합한 코라와 비교할 수 있지 않을까, 그리고 기계적인 배치 장치들을 게네시스가 형상들과 결합해서 이루는 영혼이나 물체에 비교할 수 있지 않을까 하는 생각까지 했는데, 이 【인용문 20】에 의해 이러한 우리의 짐작은 엉터리로 판명됩니다.

이러한 판명에 따라, 들뢰즈와 가타리가 【인용문 19】에서 "조성되는 것과 조성하는 것은 동일한 역량을 갖는다"라고 한 말을 좀 더 적극적으로 해석하지 않으면 안 되겠습니다. 즉 이 말을 "조성되는 것과 조성하는 것 간의 선차성先次性을 따져서는 안 된다"라는 뜻이 함께 들어 있는 것으로 봐야 할 것 같습니다. 배치 장치들을 통해 내재성의 장 또는 바탕면이 구성된다고 말할 수도 있고, 또 거꾸로 내재성의 장 또는 바탕면을 통해 배치 장치들이 구성된다고 말할 수도 있다, 따라서 어느 것이 먼저 있어야 다른 것이 성립할 수 있다는 식의 근원에서의 선차성을 따질 수 없다, 하는 것으로 읽어야 하겠습니다.

그래서 이【인용문 20】에【인용문 18】이 바로 이어 나오는데, 이【인용문 18】을 해석하면서, "그러니까, 이 물음은 기관들 없는 몸cso과 바탕면 그리고 선들 내지는 기계적인 배치 장치가 존재론적인 우선순위에서 거의 동등한 지위를 차지하고 있음을 말해 줍니다"라고 했던 것입니다.

상당히 어려운 길에 들어선 셈입니다. 그것은 다음의 두 사태가 동시에 떠오르기 때문입니다. ① 현실에 존재하는 일체의 것들, 즉 기계적인 배치 장치들을 보노라니 그 바탕을 생각하지 않을 수 없고, 그래서 배치 장치들을 통해 바탕면을 **인식적으로** 구성할 수밖에 없다. ② 이렇게 **인식적으로** 바탕면을 구성하고 보니, 배치 장치들이 **존재에 있어서** 바탕면을 통해 구성됨을 알 수 있다. ①은 인식적인 판면에서의 사유이고, ②는 존재적인 판면에서 사유입니다.

인식의 판면에서 보면, 예컨대 여기 이 연필이 먼저 있고, 그 배후를 파고 들어가 보니 이 연필이 나무와 흑연으로 되어 있다고 알게 됩니다. 이렇게 되면, 연필이 나무와 흑연보다 먼저이고, 연필에 대한 사유를 통해 나무와 흑연에 대한 사유가 구성됩니다. 반대로 존재의 판면에서 보면, 나무와 흑연이 먼저 있고, 이 둘의 결합을 통해 연필이 구성됩니다.

이야기가 대단히 복잡합니다만, 그러니까 이를 바탕면과 배치 장치에 적용해서 말하면, 인식의 판면에서는 현실의 배치 장치들이 먼저 있고 그 배후를 파고들어 가 보니 바탕면이 있다는 걸 알게 됩니다. 이렇게 되면, 배치 장치들을 통해 바탕면이 구성됩니다. 그 반대로 존재의 판면에서는 바탕면이 먼저 있고 이를 통해 배치 장치들이 구성됩니다.

하지만 연필과 연필을 조성하는 나무, 흑연이 따로 분리해서 현존하지 않습니다. 단지 서로 구분될 뿐입니다. 이를 중시하게 되면, 인식의 판면과 존재의 판면이 따로 분리해서 성립하지 않고 서로 구분될 뿐이라고 말하게 됩니다. 이렇게 되면, 바탕면을 통해서 배치 장치들이 구성된다고 말하거나, 배치 장치들을 통해서 바탕면이 구성된다고 말하거나 크게 차이가 없는 것이 됩니다.

아닌 게 아니라, 여기 이【인용문 20】에 바로 이어 저 앞의 제

4장 6절(129쪽)의 【인용문 18】이 서술됩니다. 그런데 【인용문 18】에서 뭐라고 했느냐 하면, "바탕면을 구성하기 위해서는 하나의 거대한 추상 기계가 있어야 하지 않을까?"라고 했습니다. 이 "하나의 거대한 추상 기계"는 굳이 해석하자면 온갖 다양한 배치 장치들을 한꺼번에 망라해서 그 전체를 일컫는 것 같단 말이죠. 이렇게 되면, "개개의 기계적인 배치 장치들"을 통해 "하나의 거대한 추상 기계"가 구성된다고 말할 수 있고, 만약 이 "하나의 거대한 추상 기계"를 통해 "바탕면"이 구성되면, 이제 "하나의 거대한 추상 기계인 바탕면"을 통해 개개의 "기계적인 배치 장치들"이 구성되어 나온다고 할 수도 있는 셈입니다.

굳이 말하자면, 들뢰즈와 가타리는 존재의 층들 ―아래에 있다고 여겨지는 바탕면과 기관들 없는 몸, 그리고 위에 있다고 여겨지는 개개의 기계적인 배치 장치들― 을 위아래로 왔다 갔다 하면서 하나의 거대한 추상 기계를 매개의 층으로 삼아 사유한다고 할 수 있을 것 같습니다.

5장
리좀의 원리들

이제 막바지입니다. 그래서 기분을 되살린다는 차원에서 또 다시 말합니다. 우리가 살펴온 글은 들뢰즈와 가타리가 쓴 『천 개의 고원』의 「서론: 리좀」입니다. 그런데 그동안 '리좀'에 관한 이야기를 본격적으로 하지 못했습니다. 이 5장 「리좀의 원리 들」을 통해 '리좀'에 관한 이야기를 제법 소상하게 하는 것으로 서 강의 전체를 마무리하려 합니다.

1. 세 유형의 책

먼저 아직도 아쉬운 구석이 있냐고 불평할지 모르겠지만, 들뢰즈와 가타리가 말하는 책에 관한 이야기를 정돈하고, 거기에서 리좀에 관한 논의의 실마리를 잡았으면 합니다. 그들은 다음처럼 세 가지 유형의 책을 제시합니다. 중요한 용어와 내용을 중심으로 간략하게 요약해 봅니다.

  (1) 뿌리-책le livre-racine

    ① 뿌리-나무l'arbre-racine

    ② 나무-세계l'arbre-monde

    ③ 책, 세계의 이미지

    ④ 유기적; 의미(기호)작용적; 주체적

    ⑤ 세계에 대한 모방imitation du monde; 일대일 대응 관계

    ⑥ 이항 논리la logique binaire(둘이 되는 하나'Un, 넷이 되는 둘 … 등)

    ⑦ 이분법적인 통합체

    ⑧ 강력한 지배적 통일성(주축뿌리와 곁뿌리들) 등

    (11-12/14-16 참조)

  (2) 수염뿌리-책le livre-racine fasciculée

    ① 끝이 퇴화한 주축뿌리

② 주축뿌리를 유지하면서 그 위에 다양태 뿌리의 접목

③ 뿌리의 통일성이 가능성으로 존속

④ 잘라–붙이기 기법méthode du *cut-up*, 텍스트 접어 포개기 기법(일명, 꺾꽂이 기법)

⑤ 문장–텍스트–지식의 선형성 파괴와 순환적 통일성으로의 회귀(예. 니체의 영원 회귀)

⑥ 대상(세계)에서의 통일성 패퇴(세계의 카오스)와 주체에서의 통일성(주체에서의 중층결정에 의한 더 높은 통일성) 승리

⑦ 주체, 주체–대상/자연–정신의 상보 관계 활용

⑧ 이분법의 실행 불가능

⑨ 책, 세계의 이미지 유지: 세계에 대한 뿌리–코스모스 cosmos-racine 대신 뿌리–카오스모스chaosmos-radicelle 이미지 등

(12-13/16-18 참조)

(3) 리좀–책

① 다수le multiple(다양) 만들기

② n-1을 통한 다수의 부분으로서의 하나

③ 유일한 것l'unique을 뺀 n−1의 다양태

④ 모든 방향으로 확장하면서 중간중간 여러 다양한 덩어
리로 구체화

⑤ 겹치고 미끄러지는 다채로운 형식들

⑥ 중간에서 시작하는 사이−존재적인 성격

⑦ 그 외 리좀의 원리들에 따른 글쓰기

(13/18 참조)

들뢰즈와 가타리가 이렇게 세 유형의 책을 구분한 것이 혹시 시대적인 구분과 관계가 있지 않을까 하고 생각해 봅니다. 이와 관련해서, 라투르Bruno Latour(1947~2022)가 쓴 『우리는 결코 근대인이었던 적이 없다』[25]라는 책 속의 다음 글을 참고해 보았으면 합니다.

[인용문 21] 탈근대인들은 근대의 기본 틀을 간직하고 있지만, 근대인들이 질서정연한 덩어리로 한데 모아 놓은 요소들을 분산시

---

25 *Nous n'avons jamais été modernes*, 1991; 국역본. 홍철기 옮김, 갈무리, 2009.

144

켜 버린다. 탈근대인들은 그 분산에 관해서는 옳다. 모든 동시대의 결집은 다-시간적polytemporal이다. 그러나 근대의 기본 틀을 유지하고 근대주의가 요구한 지속적인 혁신에 대해 계속해서 믿은 것은 잘못이었다. 과거의 요소들을 콜라주와 인용의 형식으로 한데 섞어 놓음으로써 탈근대인들은 이러한 인용들이 얼마나 진정 시대에 뒤처진 것들인가를 깨닫는다. (라투르, [1991]2008, 191-192)

이 대목을 읽으면서 들뢰즈와 가타리가 제시한 책의 세 유형에 관한 이야기가 생각났습니다. 그래서 이 【인용문 21】을 따내어 여기에 가져왔습니다. 물론 비교해 보자는 심산에서입니다. 책을 읽다 보면, 가끔 이렇게 뜻밖에 '횡재하는' 재수가 주어집니다. 이 횡재에는 나의 기억이 한몫했기에, 일상에 관해 점점 심해지는 건망증에도 불구하고 나의 기억이 고맙고 기특하다고 여기게 됩니다.

라투르가 말하는 "근대의 기본 틀을 간직하고 있지만, 근대인들이 질서정연한 덩어리로 한데 모아 놓은 요소들을 분산시켜 버린다"를 봅시다. 여기에서 **기본 틀**은 들뢰즈와 가타리가 말하는 (1)의 뿌리−책에서 ① '뿌리−나무'에 상응합니다. 그리고 그 기본 틀을 **"간직하고 있지만"**은 (2)의 수염뿌리−책에서 ② '주축뿌리를 유지하면서' 그 위에 다양태 뿌리의 접목과 ③ '뿌리의 통일성이 가능성으로 존속'에 상응합니다. 그리고 **"질서정연한 덩어리"**는 (1)의 뿌리−책에서 ⑥, ⑦, ⑧의 '이항논리', '이분법적 통합체', '강력한 지배적 통일성' 등에 상응합니다. 또, **"분산시켜 버린다"**는 (2)의 수염뿌리−책에서 '다양태 뿌리', '대상(세계)에서의 통일성 패퇴' 등에 상응합니다.

그리고 라투르가 말하는 "과거의 요소들을 콜라주와 인용의 형식으로 한데 섞어 놓음으로써 탈근대인들은"을 봅시다. 여기에서 **"콜라주와 인용의 형식"**은 들뢰즈와 가타리가 말하는 (2)의 수염뿌리−책에서 ④ '잘라−붙이기 기법méthode du *cut-up*, 텍스트 접어 포개기 기법(일명, 꺾꽂이 기법)'에 상응합니다.

들뢰즈와 가타리의 책 유형 구분과 여기 라투르가 근대인들과 탈근대인들에 관해 분석적으로 구분한 것 간의 상응 관계를 활용해서 보면, 앞의 인물들이 말하는 책 유형에서 (1)의 '뿌리−책'은 근대인modernists의 책쓰기 방식에 해당하고, (2)의 '수염뿌리−책'은 탈근대인post-modernists의 책쓰기 방식에 해당한다고 할 것입니다.

이러한 구분과 할당을 적절히 보증하는 대목이 있습니다. 그 것은 들뢰즈와 가타리가 (2)의 '수염뿌리-책'을 설명하는 과정에서 '잘라-붙이기의 기법'이 미국의 유명한 소설가인 버로스 William S. Burroughs(1914~1997)의 글쓰기 기법임을 명시한 대목입니다. 버로스는 흔히 포스트모더니즘 글쓰기의 대표적인 인물로 평가됩니다. 그의 대표적인 책들로는 『정키』[26], 『붉은 밤의 도시들』[27], 『퀴어』[28] 등이 있습니다.

여기에서 잠시 옆길로 샜으면 합니다. 독특한 의미의 저항 소설가라 할 수 있는 버로스에 관한 이야기를 덧붙이려는 것입니다. 버로스는 2차 세계 대전 이후 1950년대 중반, 미국의 뉴욕과 샌프란시스코를 중심으로 한 이른바 비트 세대Beat Generation의 대표 작가입니다.

대대적인 전쟁이 끝나고 나면 국가적으로는 재건을 위한 국민통합과 도덕적 규율을 강조하면서 이데올로기적인 억압을

---

[26] *Junky*, 1953; 조동섭 옮김, 펭귄클래식코리아, 2009.

[27] *Cities of the Red Night*, 1981; 박인찬 옮김, 문학동네, 2015.

[28] *Queer*, 1985; 조동섭 옮김, 펭귄클래식코리아, 2009.

가합니다. 미국의 경우, 1950년대 국가적인 풍요 속에서 조금이라도 반국가적인 내지는 탈국가적인 기미가 보이면 공산주의자로 몰아붙여 처벌을 가하는 잔혹한 매카시즘의 선풍을 들수 있습니다.

근대성을 기초로 사회·국가적으로 획일성과 동질성이 강조되고 요구될 때, 이를 위선과 기만으로 규정하고 맞서 싸우거나 아예 달아나 자신들만의 새로운 세계를 추구하는 젊은이들이 나타나는데, 1950년대 뉴욕과 샌프란시스코에서 비트 세대가 등장한 것입니다. 이들은 문학의 형식과 내용에서 자발적인 창조성을 강조하면서, 마약 복용을 통한 몽환적인 무의식과 그에 따른 새로운 의식 형태를 추구하고, 아울러 성의 해방과 새로운 성의 개발을 추구했습니다. 그 시초는 뉴욕의 컬럼비아대학이었습니다. 시인인 앨런 긴스버그Allen Ginsberg(1926~1997)와 시인이자 소설가인 잭 케루악J. L. Lebris de Kérouac(1922~1969) 그리고 소설가인 버로스 등이 만나 사회문화적인 반항과 일탈을 통해 그들만의 새로운 세계를 추구했습니다.

버로스가 '잘라-붙이기' 기법을 창안해 새로운 방식의 소설쓰기를 시도한 것은 이러한 맥락에서였습니다. 그의 소설『퀴어』를 읽다가, 이 기법에 관해 버로스가 직접 언급한 것을 발견했습니다. 옮겨 봅니다.

[인용문 22-1] 몇 년 뒤 나는 파리에서 이런 '컷업'을 썼다. "상처가 증오의 바람을 벗겼고, 불운이 한 방을 날려 버렸다." 그 뒤로 몇 년 동안 나는 이 문장이, 중독자가 주사기나 스포이트로 마약을 맞을 때 무엇이 훼방을 놓아서 마약 한 방을 날린 일을 의미한다고 생각했다. 브리온 기싱이 진짜 의미를 지적했다. 그것은 조앤을 죽인 총알 한 방이었다. (국역본, 23)

먼저 참고로 덧붙이자면, 여기 인용문의 조앤은, "나는 조앤이 죽는 날을, 극도의 파멸과 상실의 감정을 기억하지 않으려고 스스로 억눌러 왔다. [⋯] 나는 내가 작가가 된 것은 전적으로 조앤의 죽음 덕분이라는 소름 끼치는 결론에 이르지 않을 수 없다"라는(국역본, 24) 그의 말에서 알 수 있듯이, 아마도 마약 중독 상태에서 그랬던 것 같은데, 버로스가 자신의 총으로 쏘아 죽인 자신의 아내입니다. 이 사건은 버로스를 더욱 유명하게 만들었습니다.

들뢰즈와 가타리가 '수염뿌리-책'의 특성을 설명하면서 버로스의 '잘라-붙이기', 즉 '컷업'을 언급합니다만, 이에 관한 설명은 전혀 하지 않습니다. 그래서 궁금하여 인터넷을 찾아보게 됩니다. '컷업'에 관해 인터넷에 소개된 내용을 대략 정돈하면, '이전에 쓴 자신의 글이나 다른 사람들의 구절들을 잘라내어 다른 맥락으로 끌어다 붙여 버무려 새로운 소설의 대목을 만들어내는 기법'입니다. 하지만 버로스가 이 【인용문 22-1】에서처럼 직접 활용하고 있는 '컷업'이란 용어를 보면, 전혀 그런 뜻이 아닌 것 같습니다.

이 인용문을 바탕으로, 우리는 대략 이렇게 설명할 수 있겠습니다. ① 컷업은 예상치 않게 불현듯 떠오른 문장을 잡아채는 것이다. ② 컷업 문장은 일종의 무의식에서부터 솟아난 것으로서 그 문장을 쓴 본인조차 그 의미를 정확하게 알지 못한다. ③ 컷업 문장은 서술하고 있는 전체 문맥과 암시적으로는 연결될지 모르지만, 명시적으로는 이질적이어서 난데없이 돌입한 것으로 여겨진다. ④ 전체 맥락의 통일성이 파괴되는 것에 아랑곳하지 않고, 컷업 문장을 삽입하지 않으면 안 되는 강압을 느껴 기꺼이 삽입하게 된다.

들뢰즈와 가타리가 '수염뿌리-책'을 설명하면서 버로스의 '컷업' 기법을 끌어들였을 때, 아마도 이러한 의미를 염두에 두었을 겁니다. 그 외 다른 이유도 있겠지만, 버로스는 바로 이러한 컷업 기법을 개발해 활용함으로써 포스트모더니즘, 즉 탈근대적인 대표적인 작가로 거론되는 것이겠습니다.

이러한 사실을 【인용문 21】에서 라투르가 탈근대인들에 관해 제시한 설명과 견주면, 들뢰즈와 가타리가 말하는 수염뿌리-책은, 그들이 명시하지는 않지만, 탈근대적인 글쓰기의 책임을 알 수 있습니다.

여기에서 한 번 더 옆길로 샐까 합니다. 리좀형 사유와 글쓰기는 본래 예사로 옆길로 새는 법임을 핑계로 삼고자 합니다. 버로스가 쓴 자전적인 소설 『정키*Junky*』에 관한 이야깁니다. '정키'는 '마약 중독자'를 일컫는 말입니다. 이 소설에는 온갖 종류의 마약과 그 사용법이 등장하고, 마약 복용에 따른 정신과 육체의 변화, 지독하게 괴로운 금단현상, 마약 구매와 이를 위한 마약 판매를 비롯한 도벽과 폭력 등의 범죄, 체포와 교도소 생활 등이 묘사됩니다. 그렇다고 무슨 극적인 사건과 그에 따른 심리를 주도적으로 파헤치진 않습니다. 아무런 클라이맥스도 없이 그냥 그랬다는 식으로 죽 이야기를 객관적으로 서술해 갑니다. 당연히 해피엔딩 같은 시시껄렁한 장치는 아예 활용하지 않습니다. 마지막에 아마존의 인디언이 개발한 마약인 야헤의 복용에 관한 희망을 기술하면서 이렇게 소설이 끝납니다.

[인용문 22-2] 약의 효과는 특별한 각도에서 사물을 바라보는 것이다. 노화해 가고, 조심스러우며, 걱정 많고, 겁먹은 육신의 주장에서 순간이나마 벗어날 수 있는 자유다. 어쩌면 나는 내가 마약과 대마초와 코카인에서 찾고 있었던 것을 야헤에서 찾을지도 모르겠다. 야헤가 마지막 약이 될지도 모른다. (국역본, 258)

최근, 그러니까 2022년 4월에 미국의 하원에서 대마초를 불법 물질의 목록에서 삭제한다는 법을 통과시켰습니다. 상원에서의 통과가 불투명하긴 하지만, 우리 대한민국의 '형님 국가' 내지는 '아버지 국가'인 미국의 일이니 관심을 두지 않을 수 없습니다. 아닌 게 아니라, 버로스의 소설 『정키』에 다음의 구절이 있습니다.

[인용문 22-3] 대마초는 중독성이 없다. 몇 년 동안 대마초를 피워 왔는데 갑자기 공급이 중단됐다고 해도 아무런 불편을 느끼지 않는다. 대마초를 피우다가 감옥에 간 사람들을 봤는데 금단증세를 보이는 사람은 아무도 없었다. 나도 15년 동안 대마초를 피웠다 말았다 했지만, 대마초가 없어도 피우고 싶은 생각은 들지 않았다. 대마초는 담배보다 의존성이 적다. 대마초는 전반적인 건강에도 해를 끼치지 않는다. (국역본, 78-79)

필자는 담배 중독자입니다. 지금 이 같은 강의록을 작성할라 치면 어느새 재떨이에 꽁초가 가득합니다. 필자가 피우는 담배는 'RAISON BLUE'입니다. 'raison'은 프랑스어지요. 그 뜻은 '이성理性'이고요. 'blue'는 물론 영어입니다. 그러니까 프랑스어와 영어를 뒤섞어 만든 담배 제목인데, 애써 풀면 '푸른 이성'입니다. 필자가 이 글을 쓴다고는 하나, 다른 한편으로 내가 피우는 'RAISON BLUE'가 글을 쓴다고 해도 크게 틀린 말은 아닙니다. 그러니까, 필자는 '푸른 이성'이 쓰고자 하는 글을 대필代筆하는 셈입니다.

각설하고, 자, 이제 들뢰즈와 가타리가 세 유형의 책을 소개하는 데서 그 각각의 유형이 은근히 특정한 시대에서의 글쓰기와 책쓰기를 대변하는 것이 아닌가, 하는 우리의 생각으로 되돌아갑니다. ①의 뿌리-책은 근대의 것이고, ②의 수염뿌리-책은 탈근대의 것임을 우리 나름으로 생각했습니다.

그렇다면 저 앞에서 정리해서 제시한, ①과 ②와 다른 마지막 ③의 '리좀-책'은 근대인의 글쓰기도 아니고, 탈근대인들 글쓰기 내지는 책쓰기도 아닌 셈입니다. 다시 그렇다면, 이 리좀-책은 무슨 시대 무슨 종류의 인간들이 구사하는 글쓰기 내지는 책쓰기일까요? 포스트모더니즘 글쓰기를 넘어선 또는 벗어난 글쓰기에 따른 책이라고 해야 합니다. 굳이 말하자면, '탈-탈근대적인' 글쓰깁니다. 그 대표적인 예는 물론 『천 개의 고원』 자체라 할 것입니다.

리좀-책의 핵심은 'n-1' 그리고 '사이-존재적인 중간에서의 확장'입니다. 'n-1'에 관해서는 저 뒤의 본 강의 내지는 이 책의 거의 마지막에 가서 【인용문 38】을 실마리로 삼아 '열심히' 생각하게 될 겁니다. 그러니 그 구체적인 발상에 관한 궁금증을 일단 접어 두고, 'n-1'에서 '1'이 기본적으로는 '일자—者, the One', 예를 들어, 신, 제1원인, '부동의 원동자', '완전한 통일성' 등을 뜻하는 것임을 생각해 두기로 합시다. 그리고 이것들이 최초의 출발점이자 최후의 종착점으로 작동하면서 일체의 존재와 의미 및 가치를 통일적으로 지배하는 역할을 자행함을 생각해 둡시다. 이런 이야기를 듣고서 다소 '머리가 아프면,' 우리나라의 담배 종류 중 하나인 'The ONE', 즉 '일자'를 생각합시다.

필자가 피우는 담배가 'RAISON BLUE', 즉 '푸른 이성'이라 했습니다. 애연가로서 심심찮게 생각합니다만, 아무래도 이상합니다. 'TIME'이란 이름의 담배도 있습니다. 'esse'란 이름의 담배도 있습니다. 이 이름은 '존재' 또는 '사물'을 뜻하는 라틴어입니다. 우리나라 KT&G에서 담배 이름을 결정하는 부서의 핵심 담당자가 철학을 좋아하는 자임에 틀림없습니다. '일자', '푸른 이성', '시간', '존재' 등은 그야말로 철학의 고갱이라 할 수 있는 주제적 개념들입니다. 필자가 애연가이자 철학자인 탓에, 갑자기 "대한민국 만세!"를 외치고 싶어집니다.

암튼, 들뢰즈와 가타리는 근대의 책 유형인 '뿌리-책', 탈근대의 책 유형인 '수염뿌리-책', 탈-탈근대적인 책 유형인 '리좀-책'을 차례로 들먹이면서, 언표에 따른 배치 장치들이 그 구조를 달리하는 가운데 연결되면서 끊어지는, 이른바 단속적斷續的

인 시대적인 흐름을 규정한다는 점을 은근히 드러내고 있습니다. 이를 통해 '리좀'이라는 개념이 20세기 말, 포스트모더니즘이 대충 마무리되고, 21세기에 접어들면서 인간들의 사유를 암암리에 끌고 있음을 짐작해 봅니다.

2. 리좀의 원리: 나무-뿌리 유형의 모방-복사에 따른 사유에 대한 비판

그렇다면 정말이지 '리좀'이 과연 무엇일까요? 들뢰즈와 가타리는 다음과 같은 리좀의 원리들을 제시합니다. ① 원리1과 원리2: 연결접속connexion의 원리와 이질성異質性, hétérogénéité의 원리, ② 원리3: 다양태의 원리, ③ 원리4: 탈脫의미작용적인 단절rupture asignifiante의 원리, ④ 원리5와 원리6: 지도 만들기cartographie의 원리와 전사轉寫, décalcomanie의 원리 등.

그런데 우리가 보기에 이 원리들은 정확하게 딱딱 구분되는식으로 작동되는 것 같지 않습니다. 구분되긴 하지만 언제나뒤섞여 서로 영향을 미치면서, 이른바 탈주선을 따라 원리들각각을 탈영토화하고 다시 돌아와 재영토화하는 방식으로 작동하는 것 같습니다. 요컨대, 리좀은 다양태를 바탕으로 하면서 다양태를 형성한다는 식으로 작동하는 것 같습니다. 그래서 들뢰즈와 가타리가 이것들을 이렇게 네 대목으로 나누어 서술하지만, 우리로서는 어쩔 수 없이 각 대목의 사이를 비집고 들어가 일부를 따내어 활용하고, 다시 다른 곳을 비집고 들어가는 식으로 앞뒤로 왔다 갔다 하면서, 덩달아 리좀이 작동하는 방식을 흉내 내는 식으로 읽을 수밖에 없습니다. 이러한 독법은 다음과 같은 그들의 말에 의존한다고 할 것입니다.

[인용문 23] 하나의 리좀에서 어떤 지점은 다른 어떤 지점과도 연결접속 될 수 있고 그럴 수 있어야 한다. 이는 하나의 지점, 하나의 질서를 고정하는 나무 또는 뿌리와 아주 다르다. (13/19)

이 인용문의 두 번째 문장에 나오는 '나무' 또는 '뿌리'를 먼저 생각해 봐야 하겠습니다. 뿌리-나무의 구조를 보자면, 가운데 중심축 또는 중심점이 있고, 말 그대로 이를 중심으로 해서 여러 갈래로 분화되면서 뻗어 나갑니다. 그리고 갈래의 분화와 확장도 하위의 중심축 또는 중심점을 만들면서 이루어집니다.

이에 관해서는 들뢰즈와 가타리가 예로 들면서 비난해 마지 않는, 현대 언어학에 가장 영향을 많이 미친 촘스키Avram Noam Chomsky(1928~)의 '변형생성문법transformative generative grammar(나중에 '생성문법generative grammar'으로 지칭됨)'의 수형도樹型圖(나무 그림)에서 잘 드러납니다.

촘스키의 언어 수형도인 [그림 26]과 나무의 가지와 뿌리가 분화하면서 확장되는 [그림 27]을 보면, 그 구조의 형식이 거의 같음을 알 수 있습니다. 다만, [그림 26]의 언어 수형도에서의 갈래가 [그림 27] 나무둥치의 아래 뿌리 쪽에서의 갈래와 동형同

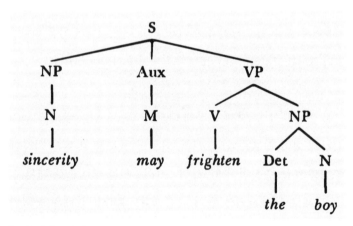

[그림 26] 촘스키 언어 수형도

꼴입니다. 그리고 [그림 27] 의 위 가지 쪽의 갈래는 [그림 26]의 언어 수형도와 비교하면 아래위가 뒤집혀 있습니다. 참고로, 언어 수형도에서 맨 꼭대기의 'S'는 'sentence(문장)'의 약호입니다. 이 언어 수형도는 비록 영어를 예로 든 것이긴 합니다만, 하나의 문장이 어

[그림 27] 가지뻗기와 뿌리뻗기

떻게 구성되는가를 구조적으로 분석해서 알기 쉽게 나타냅니다. 세계의 모든 언어가 이렇게 문법에 따른 구조적인 체계로 되어 있고, 이런 언어 수형도로 그려 낼 수 있다는 것이 촘스키의 변형문법 이론입니다. 그리고 이 언어 수형도의 방식으로 온갖 다양한 문장들이 변형되면서 생성된다는 것이 촘스키의 주장입니다.

엄청나게 유명한 인물이라 그 이름만큼은 익숙할 겁니다. 촘스키는 우크라이나 출신의 미국 언어학자이자 정치사상가

입니다. 지성계에서는 언어학자로서 더욱 유명합니다.[29] 그는 1957년에 『통사 구조Syntatic structures』라는 책을 출간했는데, 그는 이 책을 통해 '변형생성문법' 이론을 제시했습니다. 언어학자들은 이 해를 20세기 언어학의 전환점이었다고 말합니다. 이는 로버트 로빈스R. H. Robins(1921~2000)가 그가 쓴 『언어학의 역사, 스토아학파로부터 촘스키까지A Short History of Linguistics』(국역본. 강범모 옮김, 한국문화사, 2008)에서 "1957년 이래 언어학의 발전은 거의 모두가 촘스키의 사상을 재고하고 수정하는 일들의 결과였다"(국역본, 384)라고 말하는 데서 확인할 수 있습니다. 우리는 이 로빈스의 책에 나타난 촘스키의 언어학에 관해 곧 개략적으로나마 살피게 될 겁니다.

이 촘스키의 언어 수형도에 관한 이야기는 〈원리1과 원리2: 연결접속의 원리와 이질성의 원리〉를 풀이하는 대목에서 처음 나타나는데, 나중에 〈원리5와 원리6: 지도地圖 제작cartographie과 전사轉寫, décalcomanie〉에서 다시 거론합니다. 이 〈원리5와 원리

---

29 한편, 그는 특히 미국의 제국주의적인 자본주의의 국제적인 행패를 강력하게 비판하는 좌파 사회정치 사상가로 많은 관련 저술을 남겼습니다. 그의 책들은 미국 당국으로부터 '불온서적'으로 낙인찍힌 바 있습니다.

⑥의 대목에서 촘스키의 '변형생성문법'에서 나타나는 이른바 '생성축'을 비판하고, 이와 대립해서 '리좀'의 성격을 설명합니다. 암튼 촘스키의 이야기를 끄집어냈으니 이에 관한 들뢰즈와 가타리의 설명을 먼저 들어 봅시다. 다소 길지만 그대로 인용합니다.

[인용문 24] 리좀은 구조적이거나 생성적인 그 어떤 모형도 따르지 않는다. 리좀은 심층구조structure profonde인 생성축l'axe générique의 모든 관념에 낯설다. 생성축은 주축을 이루는 대상적인 통일태로서, 그 위에서 일련의 단계들이 계속해서 조직된다. 심층구조는 차라리 직접적인 성분들로 분해할 수 있는 하나의 기저 급수基底級數, une suite de bas와 같은 것인데 반해, 통일성unité을 지닌 생산(생성)물은 변형적이고 주관적인 다른 차원으로 넘어간다. 그래서 우리는 나무나 뿌리 ―주축뿌리건, 수염뿌리건― 의 재현 모형에서 벗어나지 못한다. (예컨대, 촘스키적인 나무는 기저 급수에 연합되어 있고 이항 논리에 따라 새끼를 치는 과정을 재현한다) 가장 오래된 사유의 변주. 우리는 생성축이나 심층구조에 대해 그것들이 무엇보다 무한정 재생산될 수 있는 **모방-복사**

calque의 원리들이라 말한다. 모든 나무 논리la logique de l'arbre는 모방과 재생산의 논리다. 정신분석에서와 마찬가지로 언어학에서, 나무 논리는 무의식을 대상으로 삼는데, 무의식은 그 자체로 재현적이며 코드화된 복합들로 결정되고 하나의 생성축 위에서 재분배되거나 하나의 통합체적인 구조에서 분배된다. 언어학은 사태에 관한 기술이나 상호주관적인 관계들의 재균형 잡기, 또는 기억과 활동언어에 모호한 채로 깊이 은밀하게 이미 존재하는 무의식의 탐색 등을 목표로 삼는다. 언어학은 덧코드화하는surcode 구조와 지지하는 축에서 출발하여 기존의 무엇인가를 복사-모방하는décalquer 데서 성립한다. 나무는 분절하고 위계화하는데, 모방-복사물들calques은 나무의 이파리들과 같다. (19-20/29-30)

이【인용문 24】의 내용을 이해하려면, 촘스키의 언어학에 관한 기본 사항을 알아야 합니다. 촘스키는 모국어 습득과 제2 언어의 습득을 명백히 구분하고, 모국어 습득이 정신-뇌mind-brain 속에 주어진 특별한 생득적 기관이자 보편문법의 한 형태인 언어 습득 장치LAD: Language Acquistion Device에 의존하는 것으로 생각합니다. 이는 데카르트가 말한 '본유관념innate idea'의 주장을 이

어받은 합리주의적인 관점이라 할 수 있습니다. 이 언어 습득 장치는 아이가 모국어를 배울 때도 작동하지만, 습득된 모국어를 실제로 말할 때도 작동합니다(로빈스, [1997]2008, 387 참조).

촘스키가 20세기 후반의 언어학에 절대적인 영향을 미쳤다면, 20세기 전반의 언어학에 전격적으로 영향을 미친 인물은 소쉬르Ferdinand de Saussure(1857~1913)입니다. 【인용문 24】의 내용을 좀 더 소상하게 이해하려면 이에 관해서도 알아야 합니다. 소쉬르는 저 유명한 『일반언어학 강의』(국역본. 최승언 옮김, 민음사, 2006)에서 대략 다음과 같은 주장을 피력합니다. 워낙 많이 알려진 내용이라 참조 쪽수를 밝히지 않고 서술하겠습니다.

일단 언어학을, 언어의 발달사와 영향사影響史를 연구하는 통시적通時的, diachronique 언어학과 당대의 언어를 전제로 언어체계를 연구하는 공시적共時的, synchronique 언어학으로 구별합니다. 그런 뒤, 자신 이전에 오랫동안 연구되어 온 통시적 언어학을 거의 도외시하고, 언어학의 중심은 공시적 언어학이어야 한다고 여겨 공시적 언어학 연구에 주력합니다.

공시적 언어학을 위해, 소쉬르는 이항적인 방식으로 몇몇 기본 개념들을 구별합니다. 기호記號, signe의 두 구성 계기로 기표

記標, signifiant(말소리)와 기의記意, signifié(개념)를 구별했고, 실제로 쓰는 말인 활동언어langage와 체계언어langue를 구별했고, 그런 활동언어 중 입말인 ―활동언어에는 입말 말고 글말도 있음― 파롤parole, 發話과 파롤의 기초가 되는 체계로서의 언어인 랑그 langue(체계언어)를 구별했습니다.

또 발화되는 문장에서 이어져 나가면서 드러나는 연속의 계열인 통합체syntagme와 발화되는 문장의 각 요소를 대체할 수 있는 숨겨진 요소들을 망라하는 계열체paradigme를 구별했습니다. 예를 들어, "대통령은 국가의 정체성을 유지 강화하면서 국민의 안위와 복리를 책임지고, 이를 위해 노력해야 한다"라는 문장에서 '대통령', '국가의 정체성', '유지 강화', '국민의 안위와 복리' 등등으로 이어지는 것은 언어의 통합체이고, 이 문장에서 '대통령'이라는 낱말의 위치에 대신 들어갈 수 있을 것으로 암암리에 떠오르는 '국왕', '황제', '신', '아버지' 등이라거나, '국가'라는 낱말의 위치에 대신 들어갈 수 있을 것으로 암암리에 떠오르는 '나라', '영토', '가계' 등이라거나 하는 것들의 집합체를 언어의 계열체라고 합니다. 하나의 문장은, 통합체는 수평 방향으로 명시적으로 나타나고, 계열체는 수직 방향으로 암암리에 무의식적으로 전제됨으로써 성립한다는 것입니다.

여기에서 기표나 파롤 그리고 통합체 등은 명시적으로 드러나는 언어의 영역으로서 일종의 의식 영역에 속한다면, 기의나 랑그 그리고 계열체 등은 은밀하게 숨겨져 있으면서 작동하는 것으로서 일종의 무의식 영역에 속한다고 할 수 있습니다.

그런데 촘스키는 앞서 말한 모국어에 대한 'LAD', 즉 타고난 '언어 습득 장치'를 강조했다고 했습니다. 이 언어 습득 장치는 어떤 모국어를 사용하건 말하는 누구나 갖추고 있는 심층구조라 할 수 있습니다. 이에 어떤 모국어건 상관없이 그것들 모두에 두루 기반이 되는 '보편문법'이 있다고 말하게 되었고, 이 보편문법이 언어들의 '심층구조'에서 발견된다고 생각했습니다. 그런데 화자와 청자의 모국어가 다르고 서로의 모국어를 습득하지 않은 상태에서는 소통이 안 됩니다. 이같이 모국어들 사이에는 의사소통을 불가능하게 만드는 랑그(체계언어. 예를 들어 한국어니 중국어니 영어니 하는 등) 차원의 차이들이 작동합니다. 촘스키는 이 차이들이 언어의 '표면구조'에서 다르게 나타나 작동한다고 말합니다(로빈스, [1997]2008, 393 참조).

촘스키가 말하는 언어의 보편문법인 심층구조는 각 모국어가 현실적으로 생성되어 나와 표면구조에서 다른 모국어와 차이를 보이면서 활성화될 때 그 기반 역할을 합니다. 말하자면, 들뢰즈와 가타리가 말하듯이, 이 보편문법으로서의 심층구조는 '기저 급수'로서 작동하는 생성축으로서 기능할 것입니다. 그리고 각 모국어는 통일성을 띤 단위로서의 요소들로 형성될 것입니다. 이 언어적인 요소들이 생성(생산)되어 나와 표면구조에 자리 잡을 때, 그 요소들은 생성축인 심층구조의 보편문법을 어떤 방식으로건 **모방-복사해 재현함으로써** 생겨난 것이라 할 수 있습니다. 그래서 들뢰즈와 가타리는 촘스키의 생성문법 언어이론이 복사-모방의 원리를 따르는 뿌리-나무의 유형에 속한다고 말하는 것입니다.

그런데 들뢰즈와 가타리는 이러한 촘스키의 언어학적인 사유를 수시로 강력하게 비판합니다. 예컨대, 이렇게 말합니다.

[인용문 25] 기호학적인 고리 사슬chaînon은 언어뿐만 아니라 지각, 모방, 사유와 같은 아주 다양한 행위들을 끌어모아 덩어리로 만드는 하나의 덩이줄기와 같다. 그래서 랑그 자체도 없고, 활동언어의 보편성도 없다. 방언들, 사투리들, 은어隱語들, 전문어들 등

166

의 경합이 있을 뿐이다. 동질적인 언어 공동체가 없는 것과 마찬가지로 이상적인 화자-청자도 없다. 바인라이히Max Weinreich(1894~1969)의 한 공식에 따르면, 랑그는 "본질적으로 이질적인 실재"다. 모국어는 없다. 정치적인 다양태 속에서 지배적인 언어에 의한 권력 장악이 있을 뿐이다. (14/20)

들뢰즈와 가타리의 이 말에서 "모국어는 없다"라는 주장은 촘스키의 생각을 정면으로 반박하는 것이고, "랑그가 없다"라는 것은 소쉬르의 주장을 정면으로 반박하는 것이고, 또 "이상적인 화자-청자도 없다"라는 것은 합리적인 의사소통론을 펼친 사회철학자인 하버마스Jürgen Habermas(1929~)의 주장을 비판하는 것이라 하겠습니다.

우리가 처한 여건상, 이를 일일이 설명할 수는 없습니다. 다만, "지배적인 언어에 의한 권력 장악"이란 말에 관해서는 간략하게나마 설명이 필요하겠습니다. 일제 강점기에 일본어가 조선어를 어떻게 지배했고, 그래서 어떤 엄청난 부작용을 낳았는가를 생각해 봅시다. 오늘날 앵글로 색슨족의 세계 지배로 인해 세계 곳곳에서 영어가 각국의 모국어에 대해 지배력을 발휘하는 현상은 또 어떻게 많은 부작용을 낳는가 생각해 봅시다. 그뿐만이 아닙니다. "너, '기저 급수'란 말 알아? 모르지?" 하는 식으로 전문용어를 구사하면서 청자의 기를 죽이는 식의 언어 사용은 또 어떤가요? 청자로서 기분이 좋을 리가 없습니다.

3. 리좀의 원리5, 뇌 신경의 리좀적 연결망과 지도 만들기의 원리

들뢰즈와 가타리는 159쪽 【인용문 24】에서 "나무는 분절하고 위계화하는데, 모방-복사물들calques은 나무의 이파리들과 같다"라는 문장에 바로 이어 단락을 바꾼 뒤, "리좀은 이와 전적으로 다르다. **모방-복사물이 아니고 지도**地圖**다**"(20/30)라고 말합니다. 그러고서는 리좀에 관한 이야기를 나무와 대립해서 풀어 나갑니다. 우선 이 풀이를 통해 리좀-책의 성격을 밝히게 됩니다. 그동안 여러모로 말했습니다만, 다시 리좀에 관해 또 우리 나름으로 이해를 더 할 필요가 있습니다.

우리가 생각할 수 있는 것 중에 가장 근본적인 리좀은 우리의 뇌라 할 것입니다. 뒤의 그림들을 참고합시다. 뇌는 대략

1000억 개 정도의 뉴런으로 구성되어 있고, 각 뉴런은 다른 뉴런과 접속하여 연결되는데, 이 접속 지점을 시냅스synapse라 하지요. 하나의 뉴런은 시냅스를 형성할 수 있는 지점들을 대략 5,000개씩 지니고 있습니다. 하나의 시냅스에서는, 어느 한 뉴런 A가 지닌 5,000개 정도의 지점 중 하나의 지점인 $A-p_1$이 다

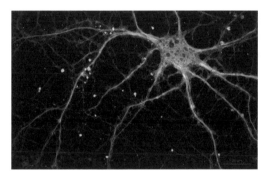

[그림 28-1]
뉴런을 촬영한 사진

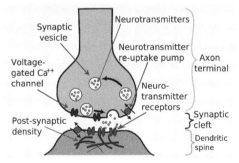

[그림 28-2]
시냅스의 구조

른 뉴런 B가 지닌 5,000개 정도의 지점 중 하나의 지점 B-p_2가 서로 미세하게 떨어져 마주한 상태에서 전기-화학적인 정보를 주고받습니다. 그런데 필요에 따라 이 A-p_1과 B-p_2는 서로를 버리고, A-p_1의 경우 뉴런 B의 다른 지점 B-p_3나 B-p_4 또는 아예 제3의 뉴런 C가 지닌 5,000개 정도의 지점 중 어느 한 지점인 C-p_4로 옮겨 그것과 새롭게 시냅스를 형성하여 전기-화학적인 정보를 주고받을 수 있습니다.

이렇게 뇌 전체에서 새로운 시냅스들이 계속 형성되는데, 그 형성 가능한 시냅스의 수는 거의 무한에 가깝습니다. 뇌신경학 분야의 노벨 수상자인 에델만Gerald M. Edelman(1929~2014)은 『신경과학과 마음의 세계』[30]에서 시냅스의 형성 가능성의 수에 관해 이렇게 말합니다.

[인용문 26_1]　놀라운 사실은 대뇌피질에만 10억의 100만 배만큼의 시냅스가 있다는 것이다. 만약 당신이 그 연결점(또는 시냅스)의

30　*Bright Air, Brillinat Fire, On the Matter of the Mind*, 1992; 국역본. 황희숙 옮김, 범양사출판부, 1998.

수를 1초에 한 개씩 센다면, 시작한 지 약 3200만 년 후에 마칠 수 있다. [...] 만약에 연결점들이 얼마나 다양하게 연결되는가를 고려한다면, 그 수는 초천문학적이다. $10^{1,000,000}$정도다(전체 우주 안에는 10^{80} 정도의 양전하를 띤 입자가 존재한다). (국역본, 37-38)

그저 놀라운 정도가 아닙니다. 아예 상상조차 할 수 없을 정도로 경이롭습니다. 이 놀랍고 놀라운 사실이 이 글을 읽는 독자 한 사람 한 사람의 뇌에 자리 잡고 있습니다. 각자의 인격이 뇌의 활동으로써 형성된다고 할 때, 어찌 한 사람의 인격을 탁월하기 이를 데 없는 존재라 하지 않을 수 있겠습니까?

이러한 무한 다양의 가능성을 바탕으로 뉴런들의 연결망인 임의의 신경회로들, 일컫자면 신경-리좀들이 형성됩니다. 부분으로 나누어 생각하자니 '신경-리좀들'이라고 해서 복수형을 씁니다만, 뇌 전체를 구성하는 뉴런들의 거대한 하나의 연결망을 생각해서 굳이 일컫자면 '뇌-리좀'이라는 단수형으로 표현하고자 합니다.

'알쓸신잡'이라 생각하고 [그림 28-2]의 '시냅스 구조'를 봅시다. 시냅스 하나의 구조와 메커니즘을 그림으로 축약해 나타낸

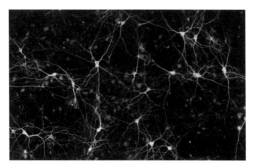

[그림 29-1]
뇌세포의 사진

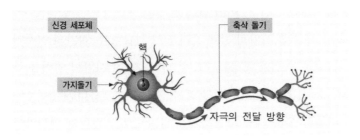

[그림 29-2] 뉴런 한 개의 구조

것입니다. 두 돌기가 시냅스 간격을 두고 마주하고 있습니다. 위의 돌기는 축삭軸索, axon의 한 말단으로서 신경전달물질(정보)을 보내는 곳인데, 전前-시냅스 뉴런에 속해 있습니다. 아래의 돌기는 수상돌기樹狀突起, dendrite의 가시로서 신경전달물질(정보)을 받는 곳인데, 이것은 후後-시냅스 뉴런에 속해 있습니다. [그림 29-2] '뉴런 한 개의 구조'에서 보듯이, 하나의 뉴런에는 여러 수상돌기와 하나의 축삭이 속해 있습니다. 수상돌기들에는 약 5,000개의 가시가 있고, 하나의 축삭에는 또 그 정도만큼의 말단들과 중간의 축삭돌기들이 있습니다. 그리하여 한 뉴런의 수상돌기의 가시들이 다른 뉴런의 축삭 말단 또는 돌기들과 연결접속 해서 시냅스들의 군群을 이룹니다.

다시 [그림 28-2] '시냅스 구조'를 봅시다. 전-시냅스 뉴런의 축삭 말단에서 칼슘 이온이 드나들면서 전압 차가 생깁니다. 이렇게 전압 차가 생겨나는 것을 뉴런의 '흥분'이라 부릅니다. 그 전압 차의 힘을 통해 전-시냅스 뉴런에서 신경전달물질들이 튀어나와, 마주한 후-시냅스 뉴런의 수상돌기의 가시에 난 구멍 속으로 뛰어듭니다. 그러면 후-시냅스의 수상돌기에서 전압 차가 생겨나고, 그 전압 차의 힘으로 수상돌기 내에서 신경전달물질들의 운동이 일어납니다. 그리하여 신경전달물질들은 후-시냅스 뉴런의 수상돌기를 벗어나 같은 뉴런의 축삭으로 전달됩니다. 이 후-시냅스 뉴런의 축삭에 속한 축삭돌기에서 다시 또 신경전달물질들이 튀어나와 ─이때, 이 후-시냅스 뉴런은 전-시냅스 뉴런으로서 기능합니다─ 다시 또 다른 뉴

런 —이 또 다른 뉴런은 이제 새로운 후-시냅스 뉴런으로서 기
능합니다— 의 수상돌기 가시 속으로 들어가 그 뉴런을 흥분하
게 함으로써 다양한 종류의 전기 정보를 전달합니다.

이런 시냅스 전달 방식을 통해 뇌 속에서 어마어마하게 많은
온갖 형태의 전기 정보들이 역시 어마어마하게 많은 뉴런을 돌
아다니면서 전달됩니다. 시냅스의 연결접속을 통한 뉴런들 사
이의 전기 정보 전달은 화학적인 처리 과정 때문에 빛의 속도
만큼은 아니지만 아주 빠른 속도로 이루어집니다. 그래서 우리
가 고개를 돌리자마자 새로운 장면을 순식간에 지각할 수 있는
것입니다. 새로운 장면의 지각을 위해서는 방금 지각한 장면을
일으킨 시각 신경 회로의 작동을 멈추고 새로운 장면의 지각을
위한 시각 신경 회로가 다시 작동해야 합니다.[31] 그런데도 고개

---

31 시각(視覺)이 이루어지려면, 대략, [수정체 → 망막 → 시신경 → 외측슬상핵
→ 후두부의 시각 전용 피질 → 그 외 관련한 뇌 전체의 부분들] 등의 과정을
거쳐야만 합니다. 이 과정에서 수없이 많은 신경 회로들과 그 회로들을 구성
하는 뉴런들과 그 각각의 뉴런이 형성하는 수없이 많은 시냅스를 거쳐야 합
니다. 이 과정은 그리 선형(線形)으로, 차례로 이루어지지 않습니다. 너무나
도 복잡한 피드백(feedback)과 피드포워드(feedforward)의 과정을 거칩니다.

를 돌리자마자 새로운 장면이 잠깐의 지체 —이 지체의 시간이 길어지면 고개를 돌릴 때 순간적으로 어둠이 생길 것입니다— 도 없이 바로 지각되는 것으로 봐서, 전기 신호의 신경 전달 속도가 얼마나 빠른가를 알 수 있습니다. 바로 시신경을 거쳐 뇌의 후두부를 중심으로 전기 정보가 복잡한 경로를 거쳐야 하는데도 말이죠. 그 연결접속의 아주 일부를 촬영한 것이 [그림 29-1] 뇌세포 사진으로서, '뉴런들의 연결접속을 촬영한 것'입니다. 대략 그렇다고 보면 되겠습니다. 그런데, 【인용문 26-1】을 쓴 뇌신경과학자 에델만은 다음과 같이 말합니다.

[인용문 26-2]　뉴런은 여러 가지 방식으로 해부학적으로 배열되며 때로는 지도地圖, map로 배열된다. **지도 만들기**地圖化, mapping는 복잡한 뇌에 있어 중요한 원칙이다. [⋯] **뇌 지도**는 뇌 속에 있는 것들 중 가장 수효가 많은 신경섬유를 통해 서로 연결된다. 예를 들면, 우측 대뇌반구와 좌측 대뇌반구의 중앙선을 통과해 연결하는 주 신경섬유 다발인 뇌량은 약 2억 개의 신경섬유를 포함한다. (국역본, 41, 강조는 인용자)

[인용문 26_3] 한 점의 빛으로 망막 위의 특정한 위치를 자극하면 시각령視覺領의 특정한 지역 내의 뉴런들을 자극하는 셈이며, 또한 이 자극에 반응하는 세포들이 **특정한 지도地圖 내에서 배열된** 다. 장소는 그러한 지도의 작용에 결정적인 요인이 된다. (국역본, 45, 강조는 인용자)

우리는 5장 3절 '뇌 신경의 리좀적 연결망'을 시작하면서, 들뢰즈와 가타리가 "리좀은 이와 전적으로 다르다. 모방-복사물이 아니고 지도地圖다"(20/30)라고 말했음을 지적했습니다. 들뢰즈와 가타리가 리좀의 대표적인 예로서 뇌의 신경 체계를 들고, 리좀이 모방-복사물이 아닌 '지도carte'임을 강조하면서 '지도 만들기cartographie'를 리좀의 원리(원칙)로 삼는 것과 뇌신경과학자 에델만이 '지도 만들기mapping'를 뇌의 원칙(원리)으로 삼는 것이 과연 무관할까요? 아닙니다. 바로 직결됩니다.

'지도 만들기'가 뇌의 원칙이라는 것은, 시지각의 예에서 보자면, 뇌가 빛을 통해 외부 세계로부터 자극을 받아 그 빛을 곧이곧대로 '모방-복사'하는 것이 아니라, 뇌 자신이 스스로 만든 지도에 따라 그 자극에 반응하는 세포들을 '배치(배열)'한다는 것이고, 그렇게 배치(배열)된 세포들의 질서에 따라 자극을 처리하여 정보로 만들어 낸다는 것입니다. 들뢰즈와 가타리가 리좀에 관해 말하는 것과 너무나 흡사합니다.

들뢰즈와 가타리가 존재하는 모든 것들을 "(기계적인) 배치 장치"라고 한 것은, 혹시 에델만이 말하는 뇌의 이러한 신경세포들의 배열(배치)을 확장해서 생각한 것은 아닐까요? 그들이 리좀을 두고 모방-복사물이 아닌 '지도'라고 한 것은, 혹시 에델만이 말하는 뇌의 원칙인 '지도 만들기'를 확장해서 생각했기 때문은 아닐까요? 이렇게 본다고 해서 들뢰즈와 가타리의 리좀 사상을 훼손할 것 같지는 않습니다. 이와 관련해서 들뢰즈와 가타리의 다음 이야기를 들어 봅시다.

[인용문 27] 사유는 나무 형태가 아니다. 그리고 뇌는 뿌리 내리거나 가지 뻗는 물질이 아니다. 흔히 "수상樹狀돌기dendrites"라 이름을 잘못 붙여 일컫는 것은 연속적인 조직에서 뉴런들의 연결접속을 보장하지 않는다. 세포들의 불연속성, 축삭들의 역할, 시냅스들의 기능 발휘, 시냅스의 미시적인 간격의 현존, 이 간격들을 뛰어넘는 개개 메시지의 도약 등, 이런 것들이 뇌를, 그 바탕면에

서 또는 그 교세포[들] 속에 담긴 하나의 다양태로 만든다. 다시 말해, 하나의 불확실한 확률 체계, **불확실한 신경 체계**로 만든다. (24/36)

앞선 뇌 조직의 그림 중에서 [그림 28-1]을 봅시다. 가운데 부분은 세포체이고 주변으로 복잡하고 다양하게 펼쳐진 기다란 선들이 수상돌기들입니다. 딱 보기만 해도 이것이 분명 리좀 형태의 다양태임을 알 수 있습니다. 그런데도 뇌과학에서 이 다양태를 나무 형태인 양 '수상돌기'라고 합니다. 즉, '나무 모양'이라는 한자말 '수상樹狀'이라는 이름을 붙였으니, 이를 두고서 들뢰즈와 가타리는 이름을 잘못 붙였다고 말합니다.

들뢰즈와 가타리가 '수목형'이니 '나무'니 하는 것을 아주 싫어한다는 것을 생각합시다. 리좀 형태의 다양태인 뇌를 들뢰즈와 가타리가 "불확실한 확률 체계, 불확실한 신경 체계"라고 한 대목에서 '불확실성' 또는 '확률'이 중요합니다.

아닌 게 아니라, 우리 개개인의 삶이나 온 인류의 사회·역사의 흐름에서 원인과 결과의 관계가 딱 부러지게 결정되지 않습니다. 원인과 결과 각각의 값이 완전하게 결정될 수도 없고, 하나의 결과가 산출될 때 그 원인으로 작동하는 변수들의 가짓수가 많을뿐더러 그 변수들 각각의 값 역시 완전하게 결정되지 않기 때문입니다. 그렇다고 흔히 원인과 결과의 관계가 무작위로 아무렇게나 이루어지지도 않습니다. 상당히 높은 확률의 값을 갖습니다. 소비자들이 물건을 많이 사면 물건값이 올라갑니다. 하지만 다른 특이한 변수들, 예컨대 경제가 활발하여 생산량이 많다거나 어쩔 수 없이 외국에서 많은 물건을 수입하지 않으면 안 될 때는 소비자들이 물건을 많이 사더라도 물건값이 오르지 않을 수 있습니다. 우리 각자가 지금 누리는 삶은 이제까지 각자가 살아온 과거의 삶 전체를 원인으로 해서 생겨난 결과일 것입니다. 과거 전체와 지금의 관계가 그 본질에 따라 완전히 결정된다고 여기는 것은 어리석은 짓입니다.

그런데 '뇌 신경 유물론' ─누군가 이 용어를 쓰는 학자가 있으리라 짐작되는데, 그냥 필자가 붙여 봅니다─ 에 따르면, 우리의 욕망과 의식/무의식 그리고 행동은 모두 뇌 신경 활동의 결과들입니다. 들뢰즈와 가타리에 따르면, 뇌의 어마어마하게 복잡다단한 리좀적인 연결과 그에 따른 정보 전달 및 정봇값은 확률적으로 결정됩니다. 그렇다면 뇌 신경 활동에 따른 결과인 우리의 욕망과 의식/무의식 그리고 행동이 갖는 값은 더욱더 확률적으로 결정될 것입니다. 그리고 이러한 우리 각자의 삶들이 사회·역사적으로 결합하여 이루어지는 전체적인 흐름의 값은 더욱더 확률적으로 결정될 것입니다.

이러한 뇌 신경 유물론에 따르면, 삶에 관련하여 생겨나는 수없이 많은 어려운 문제들, 특히 '어떻게 살아야 하는가' 하는 삶의 방향에 관한 문제는 겨우 확률적으로만 예상할 수 있을 뿐입니다. 그러니까 객관적이고 절대적인 해답이나 결론은 원리상 애당초 없는 것입니다. 그러나 만약 전지전능한 신을 전제로 하는 절대적인 유신론에 따른다면, 객관적이고 절대적인 해답이나 결론은 원리상 충분히 있을 수 있습니다. 'n-1'의 존재론을 주장하는 들뢰즈와 가타리가 이러한 유신론적인 존재론을 허용할 리가 없습니다. 'n-1'에서 '1'에 해당하는 대표적인 존재가 바로 신이기 때문입니다.

4. 리좀의 원리6, 서양란과 말벌의 전사轉寫의 원리

이를 염두에 두면서 5장 1절 '세 유형의 책'에서 언급했던 '리

좀-책'에 관해 더 자세히 살펴보기로 합시다. 들뢰즈와 가타리
는 하나의 책을 다양태라고 하면서 리좀이라고도 일컫는다고
했습니다. 그런데 책은 기본적으로 언어적인 기호를 활용한 언
표言表, énonciation의 다양태인 구조물, 즉 (기계적인) 배치 장치라
고 했습니다. 그러니까 그 자체로 딱 보자면, 책은 말하자면 '언
표의 리좀'이라 할 수 있습니다. 이를 생각하면서 들뢰즈와 가
타리의 다음 이야기를 들어 봅시다.

[인용문 28]　하나의 리좀에서 개개의 특질들이 반드시 언어학적
특질로 회송되어야 하는 것은 아니다. 하나의 리좀에서 온갖 본
성을 지닌 기호학적인 사슬 고리들은 생물학적인, 정치학적인,
경제학적인 사슬 고리들 등 아주 다양한 코드화 양식에 연결접
속 된다. 그럼으로써 여러 다양한 기호 체제들뿐만 아니라 사
물 상태들의 규약들을 작동하도록 한다. 실제로 언표의 집단적
인 배치 장치들은 기계적인 배치 장치들에서 직접 기능한다. 기
호 체제들과 그 대상들 사이에 근본적인 절단을 확립할 수 없다.

(13/19)

여기서 들뢰즈와 가타리는 크게 '기호 체제들régimes des signes' 과 '사물 상태들의 규약들statuts d'états de choses'을 구분하고 있습니다. 갑자기 들뢰즈의 절친으로 알려진 푸코Michel Foucault (1926~1984)가 1966년에 쓴 그의 주저 제목인 '말과 사물'이 떠오릅니다. 거칠게 싸잡아 보아, 우리는 말을 통해 사물을 기호적으로 반영해서 표현합니다. 여기에서 '사물'은 아주 넓게 볼 필요가 있는데, 그것은 무생물과 동식물 그리고 인간 등을 망라하면서 실재로서 존재하는 것들 전체를 지칭합니다. 더 세밀하게 보자면, 워낙 복잡하고 독특한 인간 삶의 특성 때문에 생겨나는 정치, 경제, 사회, 문화 등에 해당하는 모든 실재(현실, reality, réalité) 역시 넓게 보아 '사물'에 속한다고 할 수 있습니다.

그런데 사물들이 아무렇게나 무질서하게 널브러져 있는 것은 아닙니다. 사물에 속한 각 영역을 구분할 때, 예를 들어 정치적인 영역, 경제적인 영역, 문화적인 영역 등을 구분할 때, 그렇게 구분되는 각각의 사물 영역에는 상응하는 코드 체계가 있습니다. 코드 체계는 해당 영역에 속한 것들을 어떻게 배치해서 어떻게 질서를 잡고 그에 따라 어떻게 가치를 매길 것인가를 명령하는 체계입니다.

그래서 어떤 것을 그것이 속한 영역에서 떼 내어 그 자체로 보면 같은 것이지만, 영역마다 코드 체계가 달라서 그것을 어느 영역에 배치하는가에 따라 그 쓰임새와 가치가 달라집니다. 예컨대 돈은 기업 운영에 쓰이면 경제 영역에 속한 자본이고, 국가 경영에 쓰이면 정치 영역에 속한 국가 재정이고, 화폐 박물관에 비치되면 문화 영역에 속한 기념 전시물입니다. 여기에서 똑같은 돈이 어떤 코드 체계에서 배치되는가에 따라 각기 다른 영역에 속하면서 다른 성격과 가치를 띤 사물이 되는 것입니다.

그러면서 하나의 사물은 해당 코드 체계에 따라 그 각 영역에 속한 다른 사물들과 함께 편성되어 일정하게 기계적인(→ 생산적인) 배치 장치(→ 배치 내지는 배치 상태)를 형성합니다. 각 영역에서 여러 사물적인 요소들이 연결접속 되어 이러한 배치 장치를 형성할 때, 그 연결접속이 이루어지는 형태를 보고서 들뢰즈와 가타리는 "**사슬 고리**chaînon"라는 말을 씁니다.

이들 실제의 코드화된 영역들과 달리 특이한 배치 상태를 이루는 영역이 언표의 영역입니다. 책 내지는 글쓰기의 배치 장치가 이 언표의 영역에 해당함은 물론입니다. 그런데 들뢰즈와 가타리는 이 언표의 영역이 그 자체로 독립적으로 존재한다고 보지 않습니다. 그 언표의 영역에 속한 이른바 탈주선들을 통해 다르게 코드화된 여러 영역으로 통하는 '사슬 고리들'이 형성된다고 봅니다. 그리고 언표의 영역은 다른 영역들에 사슬 고리들의 형태로 연결접속 한다고 말합니다.

그런데 들뢰즈와 가타리에 따르면, 뿌리-나무의 방식으로 사유하는 사람들은 언표 영역과 다른 영역들이 이렇게 리좀 식으로 연결접속 되지 않고 언표 영역이 다른 영역들을 재현 내지는 모방-복사한다고 생각합니다. 이렇게 뿌리-나무 유형의 사유방식을 따르면, 언표 영역과 다른 실제의 영역들이 동등한 차원에서 직접 연결접속 하는 것으로 여겨지지 않습니다. 그 대신 언표 영역이 위계적인 높낮이에 따라, 어려운 말로 하자면 이른바 메타적인(→ 초월적인) 관계를 통해 실제의 영역들에 연결접속 된다고 여기게 됩니다. 그리하여 언표 영역은 다른 실제의 영역들보다 지위가 낮은 것이고, 그래서 언제나 다른 실제의 영역들에 종속되어 그 영역들을 재현하고 모방-복사한다고 여기게 됩니다.

하지만 리좀-책은, 비록 언표의 영역이긴 하지만 다른 실제의 영역들과 동등한 자격으로 뒤섞이면서 힘을 발휘합니다. 그래서 【인용문 27】의 마지막 대목에서 "기호 체계들과 그 대상들 사이에 근본적인 절단을 확립할 수 없다"라고 말합니다.

그러니까 책이 상품이 되어 경제 영역에 어엿이 자리를 잡고, 디자인이라는 탈주선에 따라 문화 영역에 어엿이 자리를 잡고, 또 법전처럼 정치 영역에 어엿이 자리를 잡기도 하고, 경전처럼 종교 영역에 어엿이 자리를 잡기도 하는 것입니다. 책이라는 존재를 한꺼번에 싸잡아 생각하면, 책은 그 탈주선들에 따라 모든 영역을 헤집고 다니며 연결접속 하면서 거대한 리좀을 형성합니다.

이 모든 연결접속 관계를 한꺼번에 떠올리다 보면, 책이라는 언표적 영역과 실제의 다른 영역들 사이에 위계 관계를 말할 수 없게 됩니다. 원본과 복사본의 위계에 관해서도 말할 수 없고, 토대(근거)와 상부(실제)의 위계에 관해서도 말할 수 없게 됩니다. 간단히 말하면, 이항 논리적인 이분법적 사유의 논리와 그에 따른 지배–피지배의 정치적인 권력 관계를 말할 수 없게 됩니다.

중심이 없이 곳곳에 뚫린 구멍들 내지는 터널들을 통해 적당히 제 영토를 확보하면서도 탈영토화하는 방식으로 열려 있고, 그러한 탈영토화를 틈타 그 구멍들 내지는 터널들의 연결선들을 통해 탈주를 일삼는 힘 관계의 이전移轉 내지는 전사傳寫가 작동하는 배치 장치가 바로 리좀입니다.

요컨대, 리좀 방식으로 사유하면, 뿌리-나무 방식의 사유에 의해 작동한다고 여겨지는 대립 관계나 권력 관계가 근본적으로 왜 성립할 수 없는가를 알게 되고, 그리하여 그런 대립과 권력 관계를 깨뜨릴 수 있는 허점들을 발견하여 치고 들어갈 수 있겠습니다. 들뢰즈와 가타리의 또 다른 말을 들어 봅시다.

[인용문 29] 책은 뿌리 깊은 믿음과는 달리 세계의 이미지가 아니다. 책은 세계와 함께 리좀을 이룬다. 책과 세계에는 비평행적인 진화가 있다. 책은 세계의 탈영토화를 보장하지만, 그리고 책은 세계 속에서 그 나름 저 자신에게로 탈영토화되지만, 세계는 그렇게 탈영토화한 책을 재영토화하는 식으로 작동한다. (18/27)

탈영토화와 재영토화는 리좀의 구성에서 기본적인 작용입니다. 이에 관한 흥미로운 예가 서양란과 말벌의 관계입니다.

[그림 30-1] 서양 말벌을 닮은 형
태로 진화한 서양란

[그림 30-2] 말벌

　[그림 30-1]의 서양란의 꽃은 [그림 30-2]의 말벌의 모습을 많
이 닮았습니다. 학술적으로는 서양란이 생식의 전략상 말벌
을 흉내 내어 진화한 것으로 여깁니다. 참으로 신기한 일이지
요. 서양란의 꽃을 보고 말벌이 자기와 같은 말벌인 줄 알고 짝
짓기라도 하려는 듯 들러붙습니다. 그리하여 말벌은 서양란의
꽃가루를 발에 묻혀 다른 서양란의 꽃으로 옮기고, 그럼으로써
서양란의 수분受粉(가루받이)이 이루어져 서양란이 생식(번식)하
게 되는 것이지요.

　들뢰즈와 가타리는 이 기이한 현상을 재빨리 포착하여 자신
들의 사유를 뒷받침하는 핵심 예로 삼습니다. 그러한 들뢰즈와

가타리의 창조적인 사유 역시 이 현상 못지않게 기이하다고 말하고 싶습니다. 말벌과 서양란 사이에는 동형이종同型異種의 연결접속 관계가 성립합니다. 이를 염두에 두면서, 들뢰즈와 가타리가 자신들의 철학적 사유를 위해 이 기이한 현상을 어떻게 창조적으로 활용하는가를 보기로 합시다. 그들은 이렇게 말합니다.

[인용문 30] 탈영토화déterritorialisation의 운동들과 재영토화reterrito-rialisation의 과정들은 끊임없이 갈래지으면서 가지들을 뻗어 서로를 거둬들인다. 어떻게 이들이 상대적으로 이루어진다고 하지 않겠는가? 서양란의 꽃은 말벌의 이미지 내지는 사본을 형성하면서 자신으로부터 탈영토화된다. 그러나 말벌은 그 자체 서양란의 생식 기관의 한 부분이 됨으로써 자신으로부터 탈영토화된다. 그러나 말벌은 꽃가루를 옮김으로써 서양란을 재영토화한다. 말벌과 서양란은 이종적異種的(hétérogènes, 이질적)임으로써 리좀을 형성한다. 누군가는 서양란이 말벌을 모방한다고, 서양란이 의미작용의 방식으로 말벌의 이미지를 재생한다고 말할 수 있을 것이다(미메시스, 의태, 속임수 등). 그러나 그것은 두 층위

strate(지층)의 수준에서만 ―하나의 층위에 속한 식물 조직이 다른 층위에 속한 동물 조직을 모방하는 식으로 두 층위 사이의 평행 관계에서만― 참이다. 이와 동시에 전적으로 다른 일이 중요한 문제로 두드러진다. 모든 모방 이상으로, 코드적인 포획, 코드의 잉여가치, 결합에서의 원자가原子價의 증대, 진정한 되기(생성, devenir), 서양란의 말벌-되기, 말벌의 서양란-되기가 중요한 문제로 두드러지는데, 이때 이러한 되기의 하나하나는 한 항의 탈영토화와 다른 항의 재영토화를 보장한다. 그리하여 두 되기는 탈영토화를 언제나 더 멀리 밀어붙이는 강도들의 순환에 따라 서로 연쇄되고 교대된다. 모방도 닮음도 없다. 의미작용이라 할 법한 그 어떤 것에서도 더는 부가되거나 종속될 수 없는바 공통된 하나의 리좀으로 구성된 탈주선에서 두 이종적인(이질적인) 계열의 폭발이 일어날 뿐이다. (17/25)

이 【인용문 30】을 읽고 난 뒤, 앞선 【인용문 29】를 이해하도록 해야 하는데, 순서가 뒤바뀌었습니다. 이 【인용문 30】이 훨씬 더 흥미롭습니다. 암튼, 리좀에는 탈주선들이 있고, 탈주선들을 통해 이종적(이질적)인 것들 사이에 강력한 연결접속이 일어남으로써 서로를 통해 각각에서 탈영토화가 일어나고 재영토화가 일어납니다. 그럼으로써 이종적인 것들끼리 서로로 '되기'가 일어난다고 말합니다.

그러니까 리좀을 이루는 관계에서는 탈영토화와 재영토화를 통해 서양란(또는 말벌)에서 말벌(또는 서양란) 되기, 식물(또는 동물)에서 동물(또는 식물) 되기, 응용하자면, 인간에서 식물로(= 식물 되기), 인간에서 동물로(= 동물 되기) 또는 그 반대로의 되기가 작동한다는 것입니다. 만약 리좀 방식의 삶을 기획한다면, 우리는 때론 개가 되기도 하고, 뱀이 되기도 하고, 뱀을 거쳐 나뭇가지가 되기도 해야 할 것 같습니다.

서양란과 말벌의 관계를 우리 인간에 적용하게 되면, 인간과 비非인간 사이에서 이종적인 것들끼리의 '되기'를 생각하게 됩니다. 그리고 거기에서 탈영토화와 재영토화가 순환하는 것을 생각할 수 있습니다. 그러니까 사유의 비약을 겁내지 않고 '**되기의 사상**pensée de devenir'을 확대하게 되면, 이러한 되기에 힘입어 우리는 생태적인 사유, 또는 지구적인 사유, 또는 물질적인 사유를 할 수 있을 것입니다. 우리가 동식물이 되고, 지구가 되고, 물질이 될 것이기 때문입니다. 그리하여 인간 위주로 생태

계의 지구를 착취하고 황폐화하는 악행을 멈추고 인간과 동식
물 및 물질계가 조화롭게 공존하는 길을 모색하고 실천하는 데
도움을 줄 수 있을 것입니다. 이에 관련해 다음의 이야기가 어
느 정도 실감을 더하지 않을까 싶습니다.

[인용문 31] 식물들의 지혜. 식물들은 뿌리를 내리고 있을지라도
바람과 동물과 인간과 더불어 리좀을 형성한다. (또한, 어떤 측면
에서는 동물들 자신끼리, 인간들 자신끼리 등) "우리 속에 식물이
의기양양하게 난입하여 일어나는 도취" (18-19/27)

마지막 겹따옴표 속의 상태는 마약을 한 상태, 또는 특이한
득도得道의 경지에서 일어나는 사건임이 분명합니다. 그 구체적
인 대목을 찾아 제시하진 않았지만, 들뢰즈와 가타리는 『안티-
오이디푸스』에서도 마약 이야기를 많이 합니다. 그런가 하면
'식물 난입의 도취'는 니체가 『비극의 탄생』에서 말한 '디오니소
스적 도취'를 떠오르게 합니다. 그뿐만 아니라, 【인용문 22-2】
에서 본 소설 『정키』의 마지막 문장인 "약의 효과는 특별한 각
도에서 사물을 바라보는 것이다"라는 언명이 떠오릅니다. 특별

한 각도에서 식물과 우리의 존재를 바라보면, 우리 속에 식물이 치고 들어와 도취를 일으키는 사태를 여실히 느낄 수 있을 것입니다. 대마초, 모르핀(아편), 코카인, 메스칼린 등의 마약은 모두 식물에서 추출한 것이고, 이를 우리의 몸에 주입했을 때 일어나는 도취를 생각하게 됩니다. 그러면서 '식물들의 지혜' 운운하는 들뢰즈와 가타리의 철학적 상상력과 그에 따른 '되기의 사상'에 나름의 존경을 표하지 않을 수 없습니다.

이들이 '되기'를 강조하는 데는, 만물의 영장 운운하면서 존재하는 것들 일체의 꼭대기에 올라앉아 제 중심으로 의미작용을 하여 만물에 제각각의 열등한 의미를 부여하는바, 인간이라는 또 다른 의미의 파시즘적 존재를 싫어하는 그들의 태도가 작동한다고 하겠습니다.

그러니까 들뢰즈와 가타리는 마치 자연 전체의 진화가 인간이 되기 위한 계보를 따라 진행된다고 여기는 사유를 혐오하는 것이겠습니다. 이는 "리좀은 하나의 반反계보학이다"(18/27)라는 말에서 함축적으로 표명됩니다. 그리고 더 나아가 "우리는 우리의 바이러스와 함께 리좀을 만든다. 또는 차라리 우리의 바이러스는 우리를 다른 짐승들과 함께 리좀을 만들게 한다"(18/26)라는 말에서 더욱 구체적으로 표현됩니다.

5. 원리5, 지도 만들기

들뢰즈와 가타리는 탈주선, 탈영토화 등의 개념을 통해 언표적 리좀인 책이 사회 현실의 리좀들과 그야말로 더 큰 리좀의 연결망을 형성한다고 말합니다. 그런데 책이 실천적인 사회 현실을 재현함으로써 복사하듯이 그것을 반영하는 것은 아니라고 힘주어 말합니다. 그러면서 이들은 계속 서양란과 말벌의 관계를 원용하여, 리좀을 이루는 다양태들이 서로의 속으로 파고들어 함께 연결접속 관계를 이루면서 이른바 지도地圖, la carte를 제작하는 것, 즉 지도 만들기가 이루어진다고 말합니다. 다음 이야기를 들어 봅시다.

[인용문 32]　지도를 만들어라. 사본le calque을 만들지 말라. 서양란은 말벌의 사본을 재생하지 않는다. 서양란은 리좀 속에서 말벌과 함께 지도를 만든다. 만약 지도가 사본에 대립한다면, 그것은 지도가 전적으로 실재에 관련하여 하나의 실험을 지향하기 때문

이다. 지도는 저 자신 위에 폐쇄된 무의식을 재생하지 않는다. 지도는 무의식을 구성해 낸다. (20/30)

"지도를 만들어라. 사본을 만들지 말라!"라는 이들의 명령은 인생의 지침으로 정말 적절한 것 같습니다. "남 따라 장에 가지 말라!"라는 우리의 속언처럼, 남 또는 남들의 복합체인 사회 현실이 만든 것을 모델로 삼아 그것을 어떻게든 따르면서, 나의 인생 내지는 존재를 그것의 사본으로 만들고 마는 삶을 살아서는 안 된다고 누구나 동의합니다. 다만 의식적으로는 남 따라 장에 가듯이 살지 않는다고는 하나, 오히려 그런 자기기만의 오만에 따라 "저 자신 위에 폐쇄된 무의식을 재생"함으로써 더욱 사본으로서의 삶을 획책하고 만다는 것이겠습니다.

이와는 전혀 달리, '지도를 만드는 일'은 전적으로 실재, 즉 현실을 뚜렷하게 직시하면서 그 현실에서 주어지는 삶의 데이터를 역용하여 '실험적인' 삶을 획책하는 것입니다. 그럼으로써 나 스스로 내 삶의 방향을 잡는 노력을 거쳐 비록 수정·개작의 과정을 계속 거친다고 할지라도 삶의 지도를 만들지 않고서는 제대로 된 삶을 살 수 없다는 것입니다. 삶의 지도를 만들어 그에 따라 살아 보는 실험은 창조적인 상상력을 부추길 것이고, 그 상상력의 깊이는 무의식의 영역에까지 파고들어 무의식에 끌려다니는 대신 오히려 무의식을 자발적으로 구성하고 생산하는 힘으로 작동할 것입니다.

이러한 들뢰즈와 가타리의 실험적인 지도 만들기의 삶의 지침과 그 가능성에 관한 주장은 '사회가 개인의 의식을 규정한다'라는 마르크스의 부르주아적 이데올로기에 대한 비판이나 '구조가 주체를 규정한다'라거나 '주체는 죽었다'라거나 '저자는 죽었다'라는 식의 구조주의적인 발상을 근본적으로 부정한다고 할 수 있습니다.

【인용문 32】에서 잘 드러나듯이, 들뢰즈와 가타리는 이를 서양란과 말벌이 어떻게 저들 나름의 지도를 만드는가, 그 '식물의 지혜'가 얼마나 대단한가를 참조해서 말합니다. 서양란이 말벌을 닮았다고 해서 말벌을 흉내 내어 재현하고 재생하는 것이 아니라, 굳이 말하자면 동등한 자격으로 서로 연결접속 하여 새로운 전체적인 사물 관계의 지형地形, 즉 지도地圖를 지혜롭게 구성한다는 것입니다.

사실 '지도'라는 말은 뭔가 거북스럽긴 합니다. 왜냐하면 지도는 지형을 축약해서 재현하는 것일 뿐만 아니라, 누구나 그 지도를 따라가면 도달하고자 하는 장소를 가장 효율적으로 가장 안전하게 찾을 수 있어야 하기 때문입니다. 즉, 지도는 보편적인 명령으로서 작동하는 것이지 개인이 아무렇게나 만들 수 있는 것이 아니기 때문입니다. 예를 들어, 플라톤이 말하는 이데아들의 '지도'라든가, 기독교의 신학적 교리의 '지도'라든가, 삶의 본질을 꿰뚫어 이를 촉진하거나 방해하는 관련 환경의 요소들을 긍정과 부정을 중심으로 코드화해 놓은 보편적인 힘을 지닌 것이 삶의 지도일 것이기 때문입니다.

그러나 들뢰즈와 가타리는 이렇게 미리 초월적으로 정해진 지도를 아예 인정하지 않으려 합니다. 그렇다면 맨 처음 지도를 만드는 자는 누구인가를 문제 삼는 데서 그 출발점을 찾을 수 있을 것입니다. 누구나 처음으로 지도를 만드는 자가 될 수 있고, 되어야 한다는 것이 출발점입니다. 그래서 지도 만들기는 각자의 몫이고, 그런 만큼 실험적이고 실험처럼 요모조모 뒤집어 온갖 방식으로 달리 상상하여 언제든지 수정·개작할 수 있고, 그 방법 또한 마음껏 구상할 수 있다는 것입니다. 그래서 이렇게 이야기됩니다.

[인용문 33] 지도는 열려 있다. 지도는 모든 차원에서 연결접속 될 수 있다. 지도는 분해될 수 있고 뒤집힐 수 있고 변양들을 끝없이 받아들일 수 있다. 지도는 찢어질 수 있고, 뒤집힐 수 있고, 모든 본성의 몽타주들에 적합할 수 있고, 한 개인이나 한 집단 그리고 한 사회 구성체가 작성하려고 시도할 수 있다. 지도는 벽에 그릴 수도 있고, 하나의 예술작품으로 취급할 수도 있고 정치적인 행동이나 명상으로 구성할 수도 있다. 지도가 언제나 다면적으로 입구 역할을 한다는 것은 리좀의 가장 중요한 성격 중 하나라 할 것이다. (20/30)

지도의 종류가 워낙 많다는 것은 다들 아는 사실입니다. 인문지리에 따른 지도도 있고, 자연지리에 따른 지도도 있고, 약도도 있고, 지하철 노선도도 있고, 심지어 거리의 화살표나 안내 간판도 지도라 할 수 있습니다.

문제는 존재하는 일체의 것들이 다양태로서 리좀의 관계를 맺는다고 하면서 그 관계를 한편으로 지도 만들기로 본다는 점입니다. 이에 따르면, 우리 한 사람 한 사람도 무엇과 연결접속해서 리좀을 형성하는가에 따라 다른 삶의 지도를 만든다고 해야 할 것입니다. 각자의 지도가 다른 사람의 지도를 본떠야 하는 것은 결코 아닙니다. 각자는 각자의 지도를 만들어 가질 뿐만 아니라, 때론 그 지도를 대폭 수정하기도 하고, 아예 기존의 지도를 버리고 전혀 새로운 지도를 만들 수도 있을 것입니다. 그래서 들뢰즈와 가타리는 정치적인 문제에 관련한 지도의 예를 들어 이렇게 말하기도 합니다.

> **[인용문 34]** 집단의 지도에 대해: 리좀의 어느 지점에서 대중화, 관료주의, 리더십, 파쇼화 등의 현상이 형성되는가를 보여 주어야 한다. 그런데도 어떤 선들이 바로 땅 밑에서 모호하게 리좀을 계속해서 형성하면서 존속하는가를 보여 주어야 한다. (22/34)

들뢰즈와 가타리가 가장 중요하게 여기는 영역이 아마도 정치 영역이지 싶습니다. 이 【인용문 34】에서 예로 드는 대중화, 관료주의 리더십, 파쇼화 등은 그야말로 뿌리-나무 유형의 위계적인 장치들입니다. 그러한 왜곡된 형태의 정치적 장치들도 근본적으로는 리좀의 망을 바탕으로 해서 조성된다는 점을 분명히 합니다. 그러면서 어떻게 해서 리좀의 마디에서 그러한 왜곡된 정치 행태들과 그에 따른 장치들이 생겨나는가를 보여줄 수 있는 집단의 지도를 그려 손에 거머쥐어야 한다고 주장합니다. 그렇게 되면, 그 지도를 보고서 어떻게 효과적으로 싸워 그것들을 파괴할 수 있는가 하는 전략과 전술을 세울 수 있을 것입니다. 비유적으로 말하면, 그것들을 뒤엎을 수 있는 땅밑의 리좀적인 다양태를 찾아 일종의 '지뢰'로 사용할 수 있을 것입니다. 예를 들어, 대장 없이 움직이는 게릴라적인 투쟁을 할 수도 있고, 아니면 인민 다수가 곳곳에서 리좀적인 역동적 다양태를 형성해서 투쟁의 위력을 발휘할 수도 있을 것입니다. 그러려면 나름의 전략 전술을 위한 여러 지도를 만들어야 할 것입니다.

이러한 정치적인 전략 전술을 위한 지도 만들기와 관련하여 들뢰즈와 가타리는 이렇게 말합니다.

[인용문 35] 우리는 나무에 지쳤다. 더는 나무도 뿌리도 수염뿌리도 믿어서는 안 된다. 우리는 그것들이 주는 고통을 너무 참았다. 생물학에서 언어학에 이르기까지 모든 나무 형태의 문화는 그것들에 기초하고 있다. 땅밑줄기들과 공기뿌리들과 부정不定의 뿌

리들과 리좀을 제외하고는 아무것도 아름답지 않고 아무것도 사
랑스럽지 않고 아무것도 정치적이지 않다. (24/35)

그러니까 제아무리 확장해서 이해한다고 할지라도 지도가
삶의 실제적인 행동을 위한 나침반 내지 지침 기능을 한다는
것은 결단코 무시할 수 없겠습니다: "사본이 항상 이른바 역량
competence에 회송되는 데 반해, 지도는 실행performance의 문제
다"(20/30). 즉, 창조적인 삶의 지도를 만드는 것은 그 지도에 따
라 구체적인 실천을 수행하기 위한 것임을 분명히 밝히고 있습
니다. 지도는 사유를 위한 것이 아니라, 구체적인 실행을 위한
것임은 누구나 아는 일입니다. 이는, 고古지도를 보노라면, 그
지도가 소환하는 당시 실제의 삶의 환경에 뛰어들어 함께 체험
하면서 살고 싶은 욕망이 이는 데서 짐작할 수 있습니다.

지도는 기본적으로 삶이 실천하는 수행의 문제임을 일러 줍
니다. 이는 곧 삶이 정치적인 투쟁임을 아울러 일러 줍니다. 어
떻게 지도를 잘 만드는가는 비단 주어진 삶의 현실을 얼마나
잘 싸워 헤치고 나가는가에 연결되는 것이 아니라, 오히려 삶
의 현실을 얼마나 어떻게 잘 만들어 가는가에 연결됩니다. 일

단 다음의 말을 들어 봅시다.

[인용문 36]　하나의 리좀은 기호계적인, 권력 조직들의, 예술이나 학문이나 사회적인 투쟁에 관련된 사건들 등의 사슬 고리들을 끊임없이 연결접속 한다. (14/19-20)

따라서 뿌리-나무의 구조적인 형태를 본떠 사유하고 행동함으로써 중심 내지는 정점을 인정하고 그에 따른 수직적인 권력 관계를 찾으려 해서도 안 되고, 그 관계들을 따라 지배하려는 태도나 복종하는 태도를 인정해서도 안 되겠습니다.

교황이건 대통령이건 사장이건 교수건 사령관이건 아버지건 간에, 그것들 역시 전체의 리좀 망network of rhizome을 이루는 여러 사슬 고리 내지는 매듭의 마디 중 임시적이고 평범한 것 하나 정도로만 여겨 겁낼 필요가 없음을 분명히 해야 한다는 것입니다. 그리하여 중심이나 정점인 것으로 여겨지는 그것들을 '바탕면'에 무슨 특별한 배타적인 굵은 선으로써 홈을 패 거기에 강력하게 뿌리를 내린 것으로 여길 필요도 없고, 그래서도 안 된다는 것입니다. 그래서 그들은 이렇게 말합니다.

[인용문 37] 하나의 리좀 또는 다양태는 덧코드화를 허용하지 않는다. 그리고 그 선들의 수를 보충하는, 다시 말해 그 선들에 부착된 수들의 다양태를 보충하는 차원을 다스리지 않는다. 모든 다양태는 그것들의 모든 차원을 채운다. 그런 한에서 모든 다양태는 판판하다. 그러므로 다양태들의 바탕면을 다루게 될 것이다. (15/22)

리좀의 다양태는 다른 것들을 위해 현존하는 것이 아니라는 이야깁니다. 말하자면, 리좀의 다양태는 그 위에 덮어 씌워지는 초월적인 목적이나 의미 등을 허용하지 않으며, 그 자체로 충만함을 추구한다는 것입니다.

6. 마지막, n-1의 지도 만들기

이제 대략 강의를 마쳐야 할 때인 모양입니다. 『천 개의 고원』이라는 엄청난 내용의 대작大作은 들뢰즈와 가타리라는 귀재들이, 저들이 확보한 '사유의 바탕면' 위에 마치 출구 없이 열린 복잡한 리좀의 미로를 만들어 제시한 것이라 해도 크게 틀

리지 않을 것입니다. 비록 좌충우돌 긴장한 나머지 땀이 사유의 옷을 흠뻑 적시고 심지어 우리 이성의 깜냥이 부족해 예사로 감정의 피를 흘린다고 할지라도, 기어코 그 출구 없이 열린 미로를 헤쳐 나가야 한다면, 그들이 만들어 제시한 지도인 「서론: 리좀」을 먼저 살펴야 할 것입니다. 그래서 필자는 관련해서 〈철학아카데미〉에서 강좌를 개설했고, 이제 그 강의록을 수정·개작하여 책으로 출간하고자 하다 보니, 강의자에서 필자로 둔갑했습니다.

앞서 5장 5절 '원리5, 지도 만들기'에서 중간에 "사본이 항상 이른바 역량competence에 회송되는 데 반해, 지도는 실행performance의 문제다"라는(20/30) 들뢰즈와 가타리의 말을 인용했습니다. 이를 통해, 우리는 그들의 주장을 대략 다음과 같이 정돈하게 됩니다. ① 우리의 삶은 근본적으로 사유가 아니라 실행, 즉 구체적인 실천이다. ② 삶의 실천은 철저히 실험적인 창조적 행위다. ③ 그래서 도덕이건 법이건 이데올로기건 보편적인 성격을 띠고서 미리 주어지는 '지도'를 추종해서는 안 된다. ④ 각자의 삶은 기본적으로 저 자신만의 창의적인 지도를 현실 체험을 통해 제작·수정·개작하면서 열린 방식으로 만드는 과정이다. 그래서 삶이 실행이자 실천이듯이, 지도 만들기 역시 실행이자 실천이다. ⑤ 일체의 존재는 각기 다양태이자 서로 리좀을 형성하면서 더욱 확장해 나가는 다양태를 형성하는 역동성을 띤 사건이다. 그래서 지도 만들기로서의 삶은 리좀적인 연결망을 실험적으로 헤쳐 나가면서 최대한의 다양태를 형성하는 것이다.

들뢰즈와 가타리의 인간 삶에 대한 '지도 만들기'로서의 조망과 이를 뒷받침하는 '리좀-다양태의 존재론'을 이렇게 일별해 보았습니다. 이제 마지막으로 리좀-다양태의 존재론에 따른 지도 만들기로서의 삶의 구도를 왜곡하고 방해하는 수직적 '뿌리-나무'의 사유방식과 그에 따른 왜곡된 실제를 살펴보기로 합니다. 그 핵심은 '1'과 'n-1'의 대결입니다.

리좀의 다양태는 무슨 정해진 방향도 없고 정해진 본질적인 형식도 없습니다. 그리하여 여러 리좀의 다양태가 공존할 수 있고, 이 다양태들은 공존하면서 이른바 '존재의 일의성 univocité d'être'에 따라 균등하게 서로 연결접속 함으로써 언제든지 새로운 방향으로 운동해 갈 수 있습니다. 말하자면, 언제든지 자리를 걷어 다른 곳으로 옮겨 갈 수 있는 이른바 '유목적인

nomadique' 방식으로 작동하는 것이 리좀의 다양태입니다. 우리 각자의 존재와 삶이 각기 나름의 리좀적인 다양태임은 물론입니다. 그러니 우리 모두 리좀적인 다양태답게 생각하고 행동할 수 있어야겠습니다. 이와 관련해서 「서론: 리좀」에서 거의 중심으로서 기능한다고 여겨지는 대목인 다음의 글을 읽을 필요가 있겠습니다.

[인용문 38]　다수le multiple, 그것을 만들어야 한다. 항상 상위의 한 차원을 덧붙임으로써가 아니라 그 반대로 가장 단순하게, 절제의 힘으로써, 우리가 쉽게 다루는 차원들의 수준에서, 언제나 n-1에서(하나가 다수의 부분이 되려면 이렇게 언제나 빼기를 해야 한다) 구성해야 할 다양태에서 유일한 것l'unique를 빼라. n-1에서 쓰라. 그러한 체계를 리좀rhizome이라 부를 수 있을 것이다. 땅속줄기인 리좀은 뿌리들이나 수염뿌리들과 완전히 구분된다. **구근**球根과 **괴근**塊根은 리좀이다. 뿌리나 수염뿌리를 가진 식물들도 아주 다른 각도에서 보면 리좀 형태일 수 있다. […] 리좀은 그 자체로 매우 다양한 형태들을 띤다. 모든 방향으로 가지를 뻗어 나가는 표면적인 확장에서부터 구근이나 괴근으로 구체화하는 데 이르

기까지 다양한 형태들을 띤다. 쥐들이 서로 엉겨 위아래를 형성한 가운데 미끄러질 때도 있다. 리좀에는 감자나 개밀이나 잡초처럼 가장 좋은 것과 가장 나쁜 것이 있다. 동물과 식물이어서 개밀은 바랭이[crab-grass(게-풀)]다. (13/18)

"지도를 만들어라"라는 지침을 따르기 전에, 먼저 "다수, 그것을 만들어야 한다"라는 지침을 따라야 할 것입니다. 그런데 그 방법이 묘합니다. 다수를 만들기 위해서는 "언제나 n-1에서" 출발해야 한다고 말합니다.

'n-1'은 'n'을 생각하게 합니다. n에서 '유일한 것l'unique'을 빼라고 말합니다. 존재하는 일체의 것들은 그 수數가 무한합니다. 그것들 간의 관계들, 그 관계들의 관계들까지 생각하노라면, '무한의 무한', '무한의 무한의 무한 …'을 자연히 덩달아 생각하게 됩니다. 수학에서 무한은 '∞'로 표시합니다. 그리고 무한급수 운운할 때, 예컨대 아래의 형태와 같은 식을 씁니다.

$$\sum_{k=0}^{\infty} a^k = 1 + a + a^2 + \dots + a^n + \dots$$

이 식은 어떤 수 a의 0제곱값, 1제곱값, 2제곱값, 3제곱값 …
n제곱값을 더하면 얼마가 되느냐 하는 것인데, 여기 a^k에서
k는 a를 몇 번 곱하는가를 나타내는 지수를 대표합니다. 그리
고 실제의 지수 1, 2, 3, … 을 대표로 나타내는 것이 지수 n입니
다. 또 Σ는 오른쪽 식에 나타난 값들을 모두 더한 값을 나타내
고, Σ 아래의 $k=0$는 a의 제곱지수가 0인 데서부터 시작한다는
뜻이고, Σ 위의 ∞는 a의 제곱지수가 ∞일 때까지 더하라는 뜻
인데, 무한대이니까 당연히 그 끝이 없습니다. 그래서 이 전체
값은 무한대가 됩니다. 좀 더 쉽게 가 봅시다.

$a^n = a^1 \times a^{n-1}$입니다. 여기에서 $a^1 = a$입니다. (참고로, 수학에
서 a가 0이 아닐 때 a^0의 값은 무조건 1이라고 정의합니다) 여기
에서 상상력을 발휘해 봅니다. a의 지수가 1이면 $a = a$, 즉 자기
동일성self-identity을 띠게 됩니다. 지수 1(l'un, the one, 一者)은 모든
수를 자기 동일의 존재로 만듭니다. 5^1은 5=5로 만들고, 10^1은
10=10으로 만듭니다. 그렇다면 연필^{1}은 연필=연필로 만들고,
신^{1}은 신=신으로 만듭니다. 지수의 원리로 보자면, 무엇이건
1제곱 하면, 그것=그것으로 됩니다. 그런데 자기 동일한 것은
자기 아닌 다른 것들과 아무런 관계를 맺지 않는 것으로서 그

자체로 존재하는 것으로 해석할 수 있습니다. 그래서 배타적으로 자기 동일한 것으로서 존재하는 것은 '유일한 것l'unique'이 됩니다. 그 자체로 독자적으로 존재하는 유일한 것에서 출발해서는 다수 내지는 다양태를 형성할 수가 없고, 따라서 리좀을 형성할 수가 없습니다. 유일한 것 내지는 일자는 존재의 중심으로 작동하면서 다수와 다양태를 저 자신으로 환원해서 귀일歸—하도록 하기 때문입니다.

[인용문 39] 하나의 리좀에는 하나의 구조, 하나의 나무, 하나의 뿌리에서 발견하는바 점들이나 위치들이 없다. 선들이 있을 뿐이다. […] 우리는 측정의 단위들을 갖지 않는다. 그저 측정의 다양태들 내지는 변양태들만 갖는다. 통일성unité이란 개념이 나타나는 것은 하나의 다양태에서 기표에 의한 권력 장악이 산출될 때, 또는 이에 상응하는 주체화의 과정이 산출될 때뿐이다. (15/22)

여기에서 통일성이라 번역한 'unité'는 달리 번역하면 '하나임'입니다. 그런데 이 하나임이 나타나는 것은 '기표에 의한 권력 장악', 즉 허상의 이데올로기에 의한 권력 장악과 이를 위한 중심의 주체가 형성될 때라고 말합니다. '권력의 장악'을 위한 욕망은 뭇 인간관계의 리좀적인 다양성을 파괴하는 원흉입니다.

여기 '권력 장악'이란 말에서 들뢰즈와 가타리가 존재를 정치적인 투쟁의 사건으로 본다는 점을 알 수 있고, 그 투쟁의 결과에 따라 닫힌 '뿌리-나무'의 왜곡된 형태의 삶의 환경이 조성될 수도 있고, 열린 다양태로서의 '리좀' 형태의 삶의 환경이 조성될 수도 있을 것입니다.

'뿌리-나무'의 권력의 통일성을 바탕으로 한 삶의 환경 속에서는 제대로 된 지도 만들기인 실험적이고 창조적인 삶이 불가능합니다. 그래서 1을 확 빼 버리자는 것입니다. 무엇이건 그것에서 1을 빼고, 즉 n-1에서부터 시작하자는 것입니다. 그렇게 되면, 자기동일의 독자적이고 배타적이며 자폐적인 중심을 차지한 주체가 성립할 수 없습니다. 그렇게 되면 유아독존, 안하무인식으로, 자신이 믿고 추구하는 가치만이 참다운 가치라 여기는, 그래서 자신이 손에 거머쥔 권력만을 믿고서 남의 말이나 다른 사정들을 아예 무시하고, 말하자면 무식하게 행동하여 수없이 많은 사람을 곤경에 빠뜨리고 대대적인 고통과 죽음에 이르게 하는 각종 형태의 정치적인 독단과 독재 및 제국주의를 아예 처음부터 거부하고 부정하고 싸워 나갈 수 있는 것입니다. 말하자면 하나, 즉 '1'로 수렴하고 통일되어야만 질서가 잡히고 그래야만 세상이 제대로 돌아간다고 철석같이 믿는 가부장적인 아버지, 남편, 왕, 총통, 교황, 대통령, 회장, 사장 등과 싸워 무너뜨릴 수 있는 것입니다.

'수사학적인 실재'를 끌어들여 말하자면, 'n-1'에서 '-1'은 구멍이라 할 수 있습니다. 항상 구멍이 난 자신, 즉 그 구멍을 통해 자기 아닌 다른 것들이 들어올 수 있고 들어와야만 한다는 것, 말하자면 자기-차이self-difference의 존재가 되면서 본성상 다수 내지는 다양태가 될 수 있도록 노력해야 한다는 것입니다. 들뢰즈와 가타리의 기가 막힌, 존재론적인 정치철학을 읽게 됩니다. 고마울 따름입니다.

——————— ··●·· ———————

* 강의에 열심히 응해 주셔서 고맙습니다. 그리고 어쭙잖은 이 책을 끝까지 읽는 데 참여해 주셔서 고맙습니다.

참고문헌

1. 들뢰즈와 가타리의 저술

L'Anti-Œdipe: capitalisme et schizophrénie 1, Éditions de Minuit, 1972; 『안티오
이디푸스: 자본주의와 분열증 1』, 김재인 옮김, 민음사, 1996.

Kafka: Pour une Littérature Mineure, Éditions de Minuit, 1975; 『카프카 ─ 소
수적인 문학을 위하여』, 이진경 옮김, 동문선, 2001.

Mille Plateaux: capitalisme et schizophrénie 2, Éditions de Minuit, 1980; 『천 개
의 고원: 자본주의와 분열증 2』, 김재인 옮김, 민음사, 1996.

Qu'est-ce que la philosophie?, Éditions de Minuit, 1991; 『철학이란 무엇인가』,
이정임·윤정임 옮김, 현대미학사, 1995.

2. 들뢰즈의 저술

Différence et répétition, Presses Universitaires de France, 1968; 『차이와 반복』,
김상환 옮김, 민음사, 2004.

Logique du sens, Éditions de Minuit, 1969; 『의미의 논리』, 이정우 옮김, 한길
사, 1999.

Logique de la sensation, Éditions du Seuil, 1981; 『감각의 논리』, 하태환 옮김,

민음사, 1995.

3. 가타리의 저술

La Revolution Moleculaire, Recherches, Fontenay sous Bois, 1977; 『분자혁명』, 윤수종 옮김, 도서출판 푸른숲, 1988.

Chaosmose, Éditions Galilée, 1992; 『카오스모제』, 윤수종 옮김, 동문선, 2003.

4. 그 외

니체, 프리드리히, 『도덕의 계보학(*Zur Genealogie der Moral*)』, 김태현 옮김, 청하, 1997.

_____, 『비극의 탄생(*Die Geburt der Tragödie*)』, 김대경 옮김, 청하, 1982.

라투르, 브뤼노, 『우리는 결코 근대인이었던 적이 없다(*Nous n'avons jamais été modernes*)』, 홍철기 옮김, 갈무리, 2009.

로빈스, 로버트, 『언어학의 역사, 스토아학파로부터 촘스키까지(*A Short History of Linguistics*)』, 강범모 옮김, 한국문화사, 2008.

룬디-에크만, 로리, 『신경과학(*Neuroscience, Fundamentals for Rehabilitation*)』, 김종만 외 옮김, 학지사메디컬, 2014.

베이트슨, 그레고리, 『마음의 생태학(*Steps to an ecology of mind*)』, 박대식 옮김,

책세상, 2017.

브로스, 윌리엄, 『정키(*Junky*)』, 조동섭 옮김, 펭귄클래식코리아, 2009.

_____, 『붉은 밤의 도시(*Cities of the Red Night*)』, 박인찬 옮김, 문학동
네, 2015.

_____, 『퀴어(*Queer*)』, 조동섭 옮김, 펭귄클래식코리아, 2009.

소쉬르, 페르디낭 드, 『일반언어학 강의(*Cours de Linguistique Générale*)』, 최승
언 옮김, 민음사, 2006.

에델만, 제럴드, 『신경과학과 마음의 세계(*Bright Air, Brillinat Fire, On the Mat-
ter of the Mind*)』, 황희숙 옮김, 범양사출판부, 1998.

조광제, 『불투명성의 현상학』, 그린비, 2023.

조이스, 제임스, 『피네간의 경야(*Finnegans Wake*)』, 김종건 옮김, 어문학사,
2018.

칸트, 임마누엘, 『순수이성비판(*Die Kritik der reinen Vernunft*)』, 백종현 옮김,
아카넷, 2014.

플라톤, 『티마이오스(*Timaios*)』, 박종현·김영균 역주, 서광사, 2000.

하버마스, 위르겐, 『의사소통행위이론(*Theorie des kommunikativen Handelns*)』,
장춘익 옮김, 나남출판, 2007.

자료출처

[그림 1] 들뢰즈와 가타리

https://aeon.co/essays/a-creative-multiplicity-the-philosophy-of-deleuze-and-guattari

[그림 2] 부소티의 악보 그림 1: XIV Piano piece for David Tudor 4

https://www.researchgate.net/figure/Sylvano-Bussotis-Piano-piece-for-David-Tudor-4-Deleuze-and-Guattari-1987-3_fig1_303371775

[그림 3-1] XIV Piano piece for David Tudor 4

https://youtu.be/8nefXi6brYI

[그림 3-2] 4′ 33″

https://youtu.be/JTEFKFiXSx4

[그림 4] 부소티의 악보 그림 2: RARA REQUIEM

https://www.schoyencollection.com/music-notation/graphic-notation/busotti-rara-requiem-ms-5270

[그림 5] RARA REQUIEM

https://youtu.be/YT75v7ftIns

[그림 6] 부소티의 악보 그림 3: Autotono(S. Bussotti & T. Zancanaro)

https://roulette.org/event/essential-repertoire-the-music-of-sylvano-bussotti/

[그림 7] Autotono

https://vimeo.com/277772734

[그림 8] 베토벤 〈합창 교향곡〉 악보 일부

https://cso.org/experience/article/8916/beethovens-symphony-no-9-dedicat-ed-to-all-man

[그림 10] 그물 형태 1: 다층 그래핀 구조

http://www.mdon.co.kr/mobile/article.html?no=25241

[그림 11] 그물 형태 2: 뇌의 시냅스 구조

https://www.stateofmind.it/2021/05/connettoma-mente-umana/

[그림 12] 앙토냉 아르토

https://www.bl.uk/20th-century-literature/articles/antonin-artaud-and-the-theatre-of-cruelty

[그림 13] 잔혹극 〈Jet of Blood〉의 한 장면

http://societyforritualarts.com/coreopsis/autumn-2020-issue/a-pedagogi-cal-approach-to-teaching-ritual-in-a-theatre-context/

[그림 14] 〈벨라스케스의 교황 인노첸시오 10세의 초상화에 따른 연구〉(1953)

https://commons.wikimedia.org/wiki/File:Study_after_Vel%C3%A1zquez%27s_Portrait_of_Pope_Innocent_X.jpg

[그림 15] 〈머리 VI〉(1949)

https://news.artnet.com/art-world/francis-bacon-head-royal-academy-2064391

[그림 23] 카프카의 일기

http://oeuvresouvertes.net/spip.php?article1967

[그림 24] Egor Ostrov, 〈복녀 루도비카(베르니니의 조각에 이어서)〉(2014)

http://egorostrov.com/galleries/paintings/

[그림 25-1] 칼라비-야우 다양체(왼쪽)

https://commons.wikimedia.org/wiki/File:Calabi-Yau.png

[그림 25-2] 칼라비-야우 다양체(오른쪽)

https://feddebenedictus.com/2016/03/29/what-is-a-dimension/

[그림 26] 촘스키 언어 수형도

https://images.app.goo.gl/HH6xFFLLCET6roTn8

[그림 27] 가지뻗기와 뿌리뻗기

https://guide2change.org/workshop-programs/%EB%AC%B8%EC%A0%9C%
EB%82%98%EB%AC%B4-%EA%B7%B8%EB%A6%AC%EA%B8%B0/

[그림 28-1] 뉴런을 촬영한 사진: 쥐의 해마 뉴런을 촬영한 사진

https://commons.wikimedia.org/wiki/File:Cultured_Rat_Hippocampal_Neu-ron_(24327909026).jpg

[그림 28-2] 뇌의 시냅스 구조

https://commons.wikimedia.org/wiki/File:Synapse_Illustration2_tweaked.svg

[그림 29-1] 뇌세포의 사진: 쥐의 피부세포로 만든 뇌세포의 사진

https://noticiasdelaciencia.com/art/19445/logran-con-farmacos-provocar-la-conversion-de-celulas-de-la-piel-en-celulas-cardiacas-y-cerebrales

[그림 29-2] 뉴런 한 개의 구조

https://www.ksakosmos.com/post/%EB%87%8C%EC%99%80-%EB%98%

91%EA%B0%99%EC%9D%80-%EC%A0%84%EA%B8%B0-%ED%9A%

8C%EB%A1%9C-%EC%A0%84%EC%9E%90-%EB%89%B4%EB%9F%B0-

%EB%AA%A8%EB%8D%B8

[그림 30-1] 서양 말벌을 닮은 형태로 진화한 서양란

https://commons.wikimedia.org/wiki/File:Ophrys_apifera_flower2.jpg

[그림 30-2] 말벌

https://en.wikipedia.org/wiki/Asian_giant_hornet